不平等をめぐる戦争

グローバル税制は可能か？

上村雄彦
Uemura Takehiko

はじめに

六人に一人の子どもが貧困。三〇%以上の世帯が預貯金も含めた金融資産がゼロ。これは、なにも途上国の話をしているわけではありません。そう、日本の話をしているのです。そこまで貧しくなくても、毎日まじめに働き、倹約に努めても、首都圏で一軒家を買うなど、夢のまた夢です。他方、田園調布の高級住宅街、六本木ヒルズなどの高級マンション群に住み、グルメや海外旅行など、贅沢三昧《ぜいたくざんまい》で暮らしている人もいます。

「一億総中流」と言われた時代に育った筆者の夢は、国連職員になることでした。子どもなりに、将来は社会の役に立つ仕事がしたいと思ったのです。でも、なぜ日本ではなく、国連だったのかと言いますと、それは、「日本は豊かだし、それなりに社会も安定している。それに対して、アフリカなどでは、多くの子どもたちが、飢餓《きが》や栄養失調で死ぬなどたいへんな状況にある。だから、日本よりも、まずは世界に出て仕事がしたい」と考えたからです。

そのように考えていた一九八〇年代よりさらに経済発展した現代の日本。確かにより便利で快適な社会になり、いわゆる億万長者も増えましたが、他方で格差と貧困が拡大し、生活保護を受けている人々の数は右肩上がり。保育園の待機児童問題、奨学金という名の学生ローンの返済に苦しむ学生たち、非正規雇用の増加、高齢者の介護など、深刻な問題の数々に覆われています。それだけに、いまの日本の状況を見るにつけ、やるせない気持ちになります。なぜこうなってしまったのかと。

では、以前と比べて、世界は良くなったのかというと、確かにアジア諸国を中心に途上国は発展し、とりわけBRICSと言われるブラジル、ロシア、インド、中国、南アフリカは政治的にも大きく台頭して、「少数の豊かな先進国と大多数の貧しい途上国」という図式は変わりつつあります。他方、いまでも八億人が貧困や栄養失調に苦しむ一方、〇・一四％の富裕層が世界の金融資産の八一・三％を持ち（Tax Justice Network 2012）、たった六二人が世界の下位三六億人分に相当する富を所有する（Oxfam 2016）など、恐ろしいほどの格差が広がっています。

また、地球環境破壊もさらに進み、温暖化問題などは、異常気象が「恒例」になり、酷暑《こくしょ》の夏、強い台風、ゲリラ豪雨や竜巻、それに伴う土砂崩れなどの人的被害も大きくなっています。これ以上の気候変動を防ぎ、人類が生き残っていくためには、地球の平均気温が産業革命前に比して二度以上上がってはいけないというのが、専門家のコンセンサスですが、このままいけば、二度を突破することが予測されています。それがいつごろかというと、数百年後ではなく、実は二〇二八年。そう、あと十数年後の話です。

こんな状況だからこそ、国際社会は手を取り合って、一致団結して地球規模課題の解決に取り組んでいかなければなりません。しかし、実際に起こっているのは、協力ではなく、紛争とテロの応酬。シリアで、アフガニスタンで、イラクで、そしていまでは先進国のアメリカ、フランス、ベルギー、ドイツもテロの被害にあっています。

格差と貧困、地球環境破壊、紛争やテロの連鎖の拡大。なぜこうなってしまうのか。これだけの問題ですから、原因が一つということはありません。でも、まず着目したいのは、権力とカネの問題です。つまり、いったい誰がものごとを決める力を持っていて、それによって誰が得をしているのかという観点でいま起こっている事柄を見ていくと、いろんなことがクリアに見えてきます。

そうすると、いまの世界は、多くの場合、一国レベルでも、世界レベルでも、ほんの一部の人々や団体（多くは大企業）が力とカネを持ち、彼らによって多くのものごとが決められていっていることがわかります。これは陰謀論でもなんでもなく、明確な現実です。この状況は、いわゆる「一％の、一％による、一％のガヴァナンス（統治）」と呼ばれています。

では、彼らはなぜ権力の大きな源泉となる大金を持つことができたのでしょうか? 中にはまっとうに、懸命に働き、大金を手にした人もいるかもしれませんが、『21世紀の資本』を書いたフランスの経済学者トマ・ピケティが明らかにしたように、大半は労働によるものではなく、資産の運用によるものです。

とりわけ、後ほど説明するタックス・ヘイブン(租税回避地)とマネーゲーム経済が問題なのです。タックス・ヘイブンについては、二〇一六年四月にICIJ(国際調査報道ジャーナリスト連合)によって「パナマ文書」が公表されたことで、ずいぶんと知られるようになってきました。タックス・ヘイブンを使って税を逃れつつ、マネーゲームにお金をつぎ込んでもうける。もうけてもさらにタックス・ヘイブンを使って税を逃れ、またマネーゲームでもうける。このようにして、雪だるま式にカネが積み上がっていく。しかも、大企業の場合は、それを組織的にやりますので、その分規模も大きくなります。

また、タックス・ヘイブンを通すことで、どれだけ悪事を働いて稼いだお金であっても、「きれいに洗浄されて」手元に戻ってきますし(いわゆるマネー・ロンダリング)、テロの資金であっても、それをわからないようにすることが可能になります。つまり、タックス・ヘイブンがテロや紛争の資金源となっているのです。

タックス・ヘイブンを利用し課税を逃れていた顧客情報が漏洩した、法律事務所モサック・フォンセカの入っているビル。パナマ市。
写真提供／ユニフォトプレス

カネと言えば、地球規模課題が解決できていない理由の一つに、巨額の資金不足ということもあります。世界から貧困をなくし、温暖化を食い止め、感染症の拡大を抑え、すべての人々が初等教育を終えることができるようにしていくなど、やるべきことは山ほどあります。そのためには、先立つものが必要です。その額、少なくとも年間一兆八一〇億ドル（一一八兆九一〇〇億円。一ドル＝一一〇円で計算。以下同）と試算されています。

他方、世界の政府開発援助（ＯＤＡ：Official Development Assistance）をすべて足しても、二〇一四年の数字で一六兆五〇〇〇億円程度、温暖化対策につぎ込まれている民間資金も、二一兆二三〇〇億円程度でしかありません。これでは、いろんな対策が打ちたくても、思うように手が打てないのは火を見るよりも明らかです。

日本も同じです。待機児童問題を解決するために保育士の給料を五万円上げる、学生ローンと変わらない奨学金をやめて、返済をしなくてよい給付型の奨学金にする、そもそも大学の学費を無料にするなど、多くのやるべきことがあります。しかし、日本政府はいまのところ、これらをやろうとしません。その理由はおカネがないからです。

先ほど、「格差と貧困、地球環境破壊、紛争やテロの連鎖の拡大。なぜこうなってしまうのか」と書きましたが、その答えは、これから本書で説明していくとおり、「一%のガヴァナンス」、タックス・ヘイブン、マネーゲーム経済、そして巨額の資金不足にあると確信しています。

もしそうであるならば、解決策はあるのか？　実はあるのです。

ただしODAを増やす、NGO（非営利の民間団体）がもっと活躍する、規制を強めるなど、従来の考え方の延長線上ではむずかしいでしょう。いま必要なのは、これまでの発想や政策を超えた革新的な構想です。それが、グローバル・タックスです。

この構想に最初に気付いたのは、一九九四年のことでした。その後、国連職員として海外赴任などをしていましたので、本格的にグローバル・タックス（グローバル税制、グローバル連帯税、国際連帯税と呼ばれることもあります）の研究を開始したのは、二〇〇五年以降になります。以来、大学での研究、教育、国内外での学会発表や講演、メディア出演、NGO活動などを行ってきました。中でも、二〇〇九年四月に「国際連帯税創設を求める議員連盟」の諮問《しもん》を受けて、日本においてグローバル・タックスの実現を検討する「国際連帯税推進協議会」が設立されたのは大きな出来事でした。国会議員、研究者、NGO、業界をメンバーとし、外務省、財務省、環境省、金融庁、世界銀行をオブザーバーとする協議会の座長は、寺島実郎《てらしまじつろう》多摩大学学長・日本総合研究所会長でした。したがって、協議会は寺島委員会とも呼ばれていました。

協議会は、二〇一〇年九月に最終報告書を日本政府に提出し、いったん活動を休止しますが、二〇一四年一一月に、名称を新たに「グローバル連帯税推進協議会」（別名：第二次寺島委員会）と改名し、議論をさらに発展させ、二〇一五年一二月に再び最終報告書を政府に手交しています。

本書の、とりわけ第四章は、この最終報告書に多くを負っています。超多忙にもかかわらず二期にわたり座長として協議会をリードしてくださった寺島実郎氏、そして、最終報告書を一緒に書き上げたメンバーの方々に、まずもってお礼を申し上げます。

地球規模課題を解決しうるかもしれない重要な構想・政策であり、政府レベルでも議論されてきたグローバル・タックスですが、どれだけその言葉の意味や中身が知られているでしょうか？　これまであちこちで講演や講義をしたり、いろいろな方々と話をする機会がありましたが、残念ながら、ほとんど知られていないと思わざるを得ませんでした。

「これほどもったいないことはない。せっかく問題の解決策が提示されているのに、それが知られていないなんて」「でも、逆に多くの方々がグローバル・タックスの重要性に気付き、いろいろな方法で声を上げ、政府にその実現を迫っていけば、いずれきっと実現するはずだ」。それが、本書を書こうと思った出発点です。

本書では、まずタックス・ヘイブンとマネーゲーム経済の実態および問題を明らかにします。ここだけを読むと、ずいぶん悲観的になり、読み進める気がなくなるかもしれません。しかし、もう少し頑張ってください。あるいは、まず、この部分を飛ばして第三章以降を読んでください。そこでは、グローバルな税制とはなにか、なぜそれが有効なのか、そして実現するにはどうしたらよいのかという希望を書いていきます。そして、社会を変える主役は九九％の私たちであることを浮き彫りにしたいと思います。

本書のタイトルにもなっている「不平等」には、貧富の格差、一％の金持ちや強者が権力をもつ偏った政治、地球環境問題に対して声を上げることのできない未来世代や人間以外の生き物たちの疎外感など、さまざまな意味を込めています。本書の重点は、そのような不平等を前提にし、これらをいかに小さくし、公正な地球社会を創ることができるかということをテーマにしていますので、本書の中では不平等そのものについての概念などは、これ以上展開しません。

また本書のタイトルに用いた「戦争」というのも、ちょっと大それた表現ですが、「総力戦」なくして、不平等などなくならないということを示唆しています。あらゆる人々が（政治家から庶民まで）、あらゆるレベルで（ローカルからグローバルまで）、あらゆる手段を使って（デモから日常生活を少し変えることまで）、不平等に立ち向かって初めて変化は生まれるのです。また不平等との戦いは本当にたいへんで、それに本気で取り組む人々にとっては、大げさかもしれませんが「命がけ」くらいのものであることを、象徴的に表してもいます。もっとも、「戦争」など起こることを望むわけはありませんので、厳しい現実と困難な未来を直視しつつ、平和に、持続可能に活動を続けることが願いです。

実際に格差などの不平等を完全になくすことはむずかしいでしょう。しかし、不平等を小さくし、公正で希望ある社会を創っていくことはできるはずです。なぜなら、そのための構想や政策、すなわち、グローバル・タックスは、すでに準備されているからです。

絶望的に思える世界の中で、希望としてのグローバル・タックスがあります。そのことを読者のみなさんと一緒に見ていきたいと思います。

目次

第五章　政治と現実を動かすために

第一章　パナマ文書の衝撃

パナマ文書はなぜ衝撃だったのか

二〇一六年四月三日、国際調査報道ジャーナリスト連合（ＩＣＩＪ）が、中南米パナマにあるモサック・フォンセカという法律事務所から漏洩《ろうえい》した機密文書、いわゆる「パナマ文書（Panama Papers）」を公表しました。

翌日には、日本の新聞各紙もパナマ文書について報じましたので、ご存知の方も多いかもしれません。この文書の公開は世界各国で衝撃をもって受け止められ、政治家、それも一国の首相の辞任（アイスランド）に至ったケースもあるほど波紋を広げました。

パナマ文書が提起したのは、税金逃れの問題です。「租税回避」とも言いますが、やっていることは同じです。脱税と違うのは、税法上の違法性がないことです。しかし、違法でなければなにをやってもいいということにはなりません。それは喩《たと》えるならば、脱法ドラッグのようなものです。

それにしても、いったいパナマ文書のなにがそれほどまでに衝撃的だったのでしょうか。それは、漏洩した文書の内容が、タックス・ヘイブン（租税回避地）を利用したグローバルな規模での税逃れの実態を生々しく暴くものだったからですが、とりわけ、以下のような理由がありました。

まず、その容量がすごいものでした。二・六テラバイトという量で、新聞に換算したら二六〇〇年分の朝刊、文庫本で二万六〇〇〇冊に相当します。

この膨大なデータの内容はなにかというと、モサック・フォンセカ事務所の顧客についての情報でした。その顧客には企業もあれば個人もいます。

有名人としては、アクション俳優のジャッキー・チェン、サッカーのスーパースター、リオネル・メッシ、政治関連では、ロシアのプーチン大統領の側近、中国の習近平《しゅうきんぺい》主席の姉の夫、アイスランドの首相にスペインの閣僚、イギリスのキャメロン首相の父親、シリアのアサド大統領の側近の名前も出てきました。このように誰でも知っているような著名人の名前が一挙に出てきたことが衝撃的でした。このうち、アイスランドの首相とスペインの閣僚はこの報道のあとで辞任に追い込まれました。

日本企業の名前もありました。伊藤忠商事、ソフトバンクグループ、東洋エンジニアリング、丸紅、ライブドア、ワタミなど、これまた広く知られた大企業（関連企業も含む）、そして誰でも知っているような有名企業の創業者や経営者の名前もありました。

こうした大企業と著名人を含むいわゆる富裕層が、タックス・ヘイブンを利用して秘密裏に

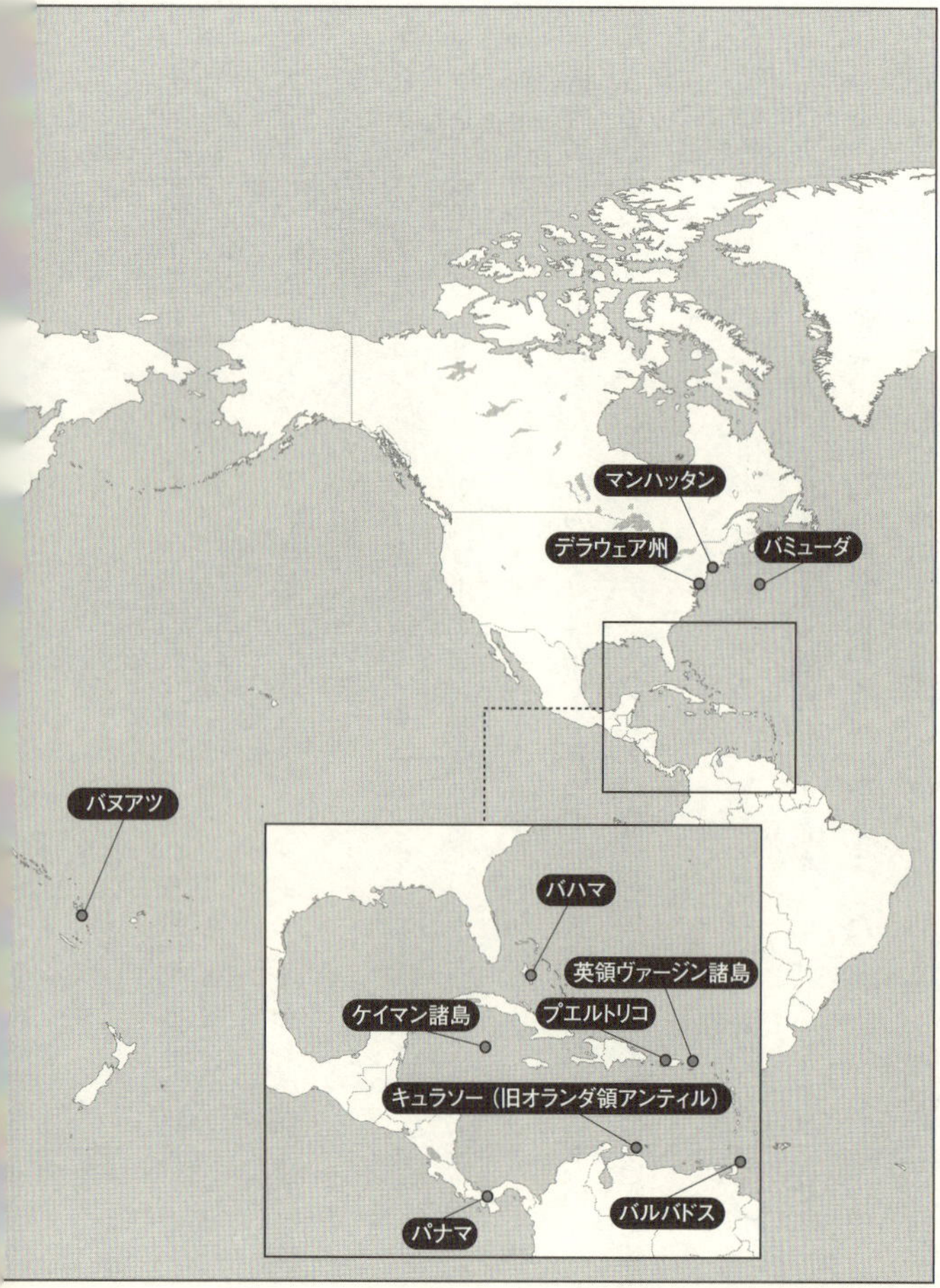

経済協力開発機構（OECD）より

図1　世界の主なタックス・ヘイブン

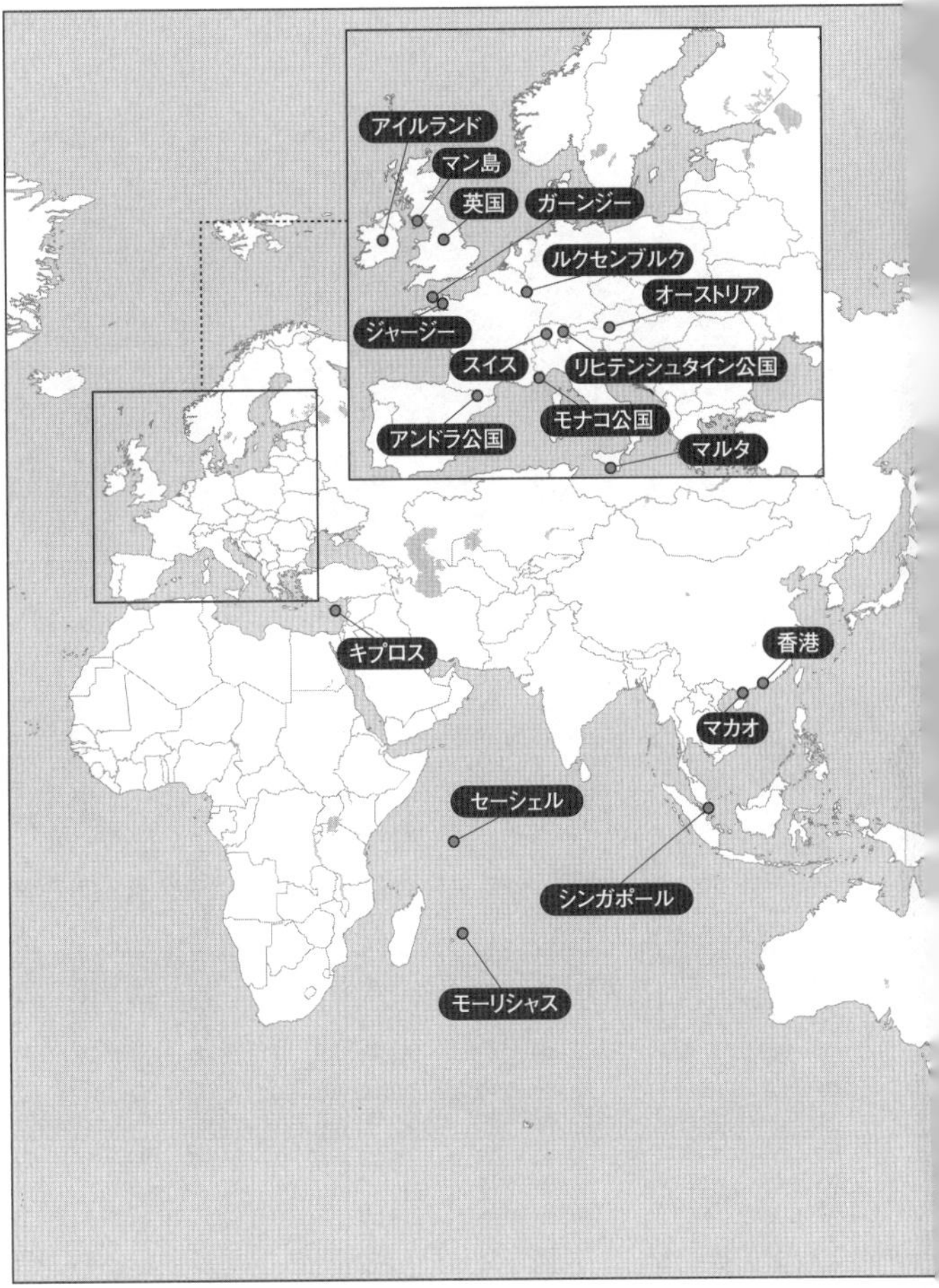

税逃れをしていることはかねてより知られていましたが、パナマ文書の公表によって、モサック・フォンセカというパナマのタックス・ヘイブンの当事者である法律事務所、すなわち、タックス・ヘイブンにペーパー・カンパニーを作ってどんどん企業を誘致するよう手続きを進めている当事者から、生の情報が漏れ出したという点で、大きく注目されたのです。

タックス・ヘイブンとはなにか

パナマ文書問題とは、タックス・ヘイブンを利用した税逃れ問題です。それでは、そもそもタックス・ヘイブンとはなんなのでしょうか。

タックス・ヘイブンとは、「租税回避地」を意味する英語"tax haven"のカタカナ表記です。租税回避地とは、簡単に言えば、「そこにお金を持っていけば、自国で税金を払わずに済み、名前も公開されずに、好き勝手にお金の出し入れができる国や地域」のことです。

タックス・ヘイブンにはパナマ文書流出元のモサック・フォンセカのあるパナマや、日本企業と縁の深いケイマン諸島など、中南米カリブ海の国や地域がよく知られていますが、実際のタックス・ヘイブンは南海のリゾート地にだけあるとは限りません。アイルランドやルクセンブルク、リヒテンシュタインといったヨーロッパの国々、アメリカのデラウェア州やマンハッタン、そして「シティ」と呼ばれるロンドンの金融街もタックス・ヘイブンです（二四〜二五頁、図1参照）。

こうした国や地域の特徴は、法人税や所得税がない、または税率が極端に低い、そして顧客情報を秘匿することです。このタックス・ヘイブンを利用することで、払うべき税金を払わずに済ます方法が編み出されているのです。

タックス・ヘイブンの始まりは？

そもそもタックス・ヘイブンはどういうところから始まったのでしょうか。

いろいろな説がありますけれども、よく言われているのはイギリス発祥説です。イギリスの王室が課税逃れのために、自分たちの王領に資産、財産を移していったところが出発点です。これと並行してロンドンのシティの活動があって現在のタックス・ヘイブンの原型ができたと考えられています。現在のタックス・ヘイブンの所在地が元イギリス領に多いのはそのためです。

シティというのは、ロンドン市の中心部にある行政区画で金融街のことですが、そこから転じて金融業界の異名としても使われる言葉です。もともと金融ギルドとして中世からあって、その権力たるや、それこそ政府も王室も関与できないぐらいでした。

それまで世界各地に領土や植民地があって日の沈まない帝国と言われていたイギリスでしたが、第二次世界大戦を契機に落ちぶれていきました。そこで、どうやって国を立て直すかというときに、イギリスは金融で行こうと決め、注目されたのがもともと王領にあったタックス・ヘイブンのようなエリアです。

金融のギルドであるシティは、政府に介入されず、金融規制をなくすとか、イギリス国内におけるいろいろな利率も勝手に決められましたので、これが、戦後、金融立国で行くというイギリスの国策の変更と合流して、イギリスの旧植民地にも広がっていったのです。

すでに一九六八年にタックス・ヘイブンについて、フランスの日刊紙「フィガロ」の論説委員アラン・ヴェルネーが「タックス・ヘイブンとは、国際金融の大中心地にして汚濁の最深部である」(クリスチアン・シャヴァニュー、ロナン・パラン著『タックスヘイブン――グローバル経済を動かす闇のシステム』)と言っています。

ただし、タックス・ヘイブンが現在のように展開していくのは、一九七〇年代末からネオリベラリズム(新自由主義)が席巻するようになり、規制をどんどんなくしていく流れが始まったころからでした。要するに大英帝国は、植民地はなくなったけれども、金融植民地主義に切り替えたということです。

タックス・ヘイブンには、以上のような流れの他に、世界各国が法人税を下げることによって企業を呼び込もうとする流れもあり、その両方の流れが合流して、興隆しているように思われます。

たとえば、アイルランドは、もともと企業を誘致することで経済発展したいという目標があって、それを進めるために法人税を下げていったら、結果的にタックス・ヘイブンのようになった国です。シンガポールなども成立過程はそれに近いかもしれません。あとは、金融をとにかく世界から呼び込んで金融立国にすることでリッチになろうとして、そのためにさまざまな規制をなくしたり、税率を低くしたり、法人設立の手続きを簡単にするなど、いわゆるタックス・ヘイブンの特徴を持った国があります。スイスやルクセンブルク、オランダなどがそうです。

つまり、戦後のイギリスの金融立国への道のりと旧植民地の「金融植民地化」、ならびに新たに法人税を下げることによって、「世界で一番企業が活躍しやすい場所にしよう」という経済特区的な潮流との融合の中で拡大してきたのがタックス・ヘイブンと言えるでしょう。

デラウェア州ウィルミントン市北オレンジ通り1209番地にあるこのビルに、およそ31万社のペーパーカンパニーが登録。アップル、グーグル、コカ・コーラ、ウォルマートといった巨大企業も登記上、本社や関係会社をここに置いている。写真提供／共同通信社　ユニフォトプレス

ドメスティック・タックス・ヘイブン

国外ではなく国内にあって事実上タックス・ヘイブンの機能を持つ地域をドメスティック・タックス・ヘイブンという場合があります。イギリスではマン島、ガーンジー島、ジャージー島といった王室の属領の多くに存在します。アメリカではすでに触れたデラウェア州が有名です。コカ・コーラ、アップル、グーグル、ウォルマートなどアメリカの名立たる企業がデラウェア州に本拠地を置いています（しかも同じ住所に！）。他にも、ネバダ州、ワイオミング州など、いくつかありますが、これらは自国の中にあって、

企業の税金を優遇して支援する制度です。

ただ、アメリカという国はご存知のとおり、USA：United States of Americaで、これを直訳すると「アメリカ諸国連合」となります。つまりアメリカの各州は一つの国みたいなものですから、個々の州がかなり独立した権限を持っています。外から見ればアメリカという一つの国だけれども、各州は地理的に中に入っているだけで独立性が高いのです。タックス・ヘイブンに関しても州の自治下でやっていることですから、それが必ずしも「連邦政府の方針」ということではありません。したがって、ドメスティック・タックス・ヘイブンは、アメリカの特殊な事情によってできた部分もあると言えるでしょう。

タックス・ヘイブン利用の基本

タックス・ヘイブンを使った租税回避の基本の仕組みは単純です。たとえば、ある企業、個人が税金を払いたくないとします。その個人、企業は、海外のタックス・ヘイブンに住所を移すか、子会社を設立します。会社を移す、作ると言っても、実際には現地に事務所や工場、店舗を引っ越したり、作ったりしなくてもいいのです。書類上、そこに登記するだけです。こうした名目だけで実体のない会社は、ペーパー・カンパニーとかダミー会社、トンネル会社などと呼ばれています。このペーパー・カンパニーを使って、税逃れをするわけです。

ペーパー・カンパニーとはいえ、書類上は会社所在地ですから、そこに郵便は届きます。ですから、それを実際に営業している事務所、実質的な本社に転送してもらうために、現地の業者にそうした連絡事務を委託しておけばよいわけです。電話やメールなどは、自動で転送するようになっているのです。パナマ文書の流出元である法律事務所モサック・フォンセカも、こうしたペーパー・カンパニーの登記や管理などを代行している業者だったのです。

実際の業務は日本で行っている企業でも、現地の代行業者に依頼してタックス・ヘイブンにペーパー・カンパニーを設立してそこを本社とすれば、日本の法人税はかかりません。所得にかかる税金も払わずに済みます。払うのはタックス・ヘイブン現地での登録料や手数料だけ。これがタックス・ヘイブンを使った税逃れの基本です。

ただし、基本はあくまで基本であって、各国の税務当局はなんとかして徴税しようと手ぐすねを引いているわけですから、ペーパー・カンパニーを作ったくらいではおいそれと見逃したりはしません。そこで、税逃れをもくろむ企業や富裕層側もあの手この手でお金を隠そうとするわけです。ですから、基本は単純でも、実際の個々のケースは恐ろしく複雑な仕組みになっています。

『ハリー・ポッター』事件と武富士《たけふじ》事件

タックス・ヘイブンを利用した税逃れの基本的な具体例として、個人の場合と、企業の場合の事例を挙げておきましょう。

個人のケースの場合、日本で有名なのは、『ハリー・ポッター』事件でしょう。冒険ファンタジー小説『ハリー・ポッター』シリーズが世界的なベストセラーであることはご存知のことと思います。日本でも大人気となり本は飛ぶように売れて、このシリーズの日本語版翻訳者のもとには莫大《ばくだい》な翻訳著作権料が入ってきました。そこで翻訳者はスイスに住所を移して、翻訳料にかかる所得税を逃れようとしました。日本の税法では日本国内の居住者でなければ納税の義務がない上、スイスは税率が低いタックス・ヘイブンだからです。結局、この一件は、日本とスイスの協議により、この翻訳者の実質的な居住地が日本であることが認められ、日本で課税されることになりました。

また、企業のケースの場合では武富士事件があります。消費者金融大手の武富士の経営者は、息子に会社の資産を生前贈与するにあたり、二つのタックス・ヘイブンを利用しました。ここでのポイントも居住地です。当時の日本の制度では、海外にある資産を、海外の居住者に贈与する場合には贈与税がかからないことになっていました。そこで、経営者はタックス・ヘイブンであるオランダに子会社を設立してそこに資産を移し、さらにやはりタックス・ヘイブンである香港にも子会社を設立して、息子を香港の子会社に赴任させた上で、オランダの子会社にある資産を香港に住む息子に贈与する、という形をとりました。香港には相続税も贈与税もなく、日本の相続税も贈与税もかかりません。

この武富士事件は最高裁まで争われ、税逃れの目的は明らかでありながら法律上は違法とはされないとして、二〇一一年に武富士側の勝訴で終わりました。二〇一六年現在では相続税法が改正されてこの手は封じられました。租税回避を許さないという法改正のきっかけの一つになったという意味で、この武富士事件は重要な事例です。

ＡＩＪ投資顧問の元社長の証言

ところで、タックス・ヘイブンに秘匿されたお金はどのように使われるのでしょうか？

もちろん、ケースバイケースでしょうが、その多くは、マネーゲームに回っています。つまり、大金を株、債券、通貨、デリバティブ（金融派生商品）などに投資（投機）し、その利ざやでもうけるのです。これは、国際的な銀行の資産取引の半分がタックス・ヘイブンを通じて行われていること、銀行の国際業務や債券発行業務の八五％もタックス・ヘイブンで実施されていることからもわかります（上村雄彦編著『世界の富を再分配する30の方法』）。

「タックス・ヘイブンに秘匿されたお金はマネーゲームへ」ということはよく言われてきましたが、さらにあくどいやり方でマネーゲームを行い、巨利を上げる方法が明らかになりました。パナマ文書に載っていたＡＩＪ投資顧問の元社長が刑務所に入れられる前に証言したからです。ＡＩＪ投資顧問は二〇一二年二月、企業年金から委託されていたお金、約二〇〇〇億円の運用に失敗していたのに収益を上げているように装っていたことが発覚し、「消えた年金」として話題になった会社です。そのＡＩＪの元社長の名前がパナマ文書にあり、英領ヴァージン諸島のペーパー・カンパニーの株主となっていたのです。

報道によれば、元社長は香港で二つのペーパー・カンパニーを購入。それぞれ別の顧客の便宜を図るためのものでした。一つは顧客が株価操作をするためのもので、顧客が自社株を上場したときに、身元を隠して自社株を買って株価を釣り上げていました。もう一つは税逃れのためのもので、元社長の記憶によれば一〇億円くらいの税を浮かせていたと言います（「朝日新聞」二〇一六年七月二九日）。

タックス・ヘイブンは節税という名の「合法的脱税」だけでなく、顧客情報を秘匿してくれ

カリブ海にあるケイマン諸島。日本からこの地への証券投資は2015年末の時点で74兆円に上る。写真提供／ユニフォトプレス

るという特性を活《い》かして、株価を操作して釣り上げ、巨利を手にすることもできるのです。

いずれも、典型的なタックス・ヘイブンの使い方ですが、この事例で注目されるのは、どちらのペーパー・カンパニーも形式上は元社長がオーナーであるけれども、元社長の証言を信ずる限り、実際にその会社の名義を使って株の売買や税逃れをしていたのは、まったくの別人だということです。

このタックス・ヘイブンの秘匿性の問題については、次章で詳しく述べたいと思います。

タックス・ヘイブンの実態

カリブ海に浮かぶ英領ヴァージン諸島はタックス・ヘイブンとして知られています。ニ〇〇六年の統計では、人口約二万二〇〇〇人程度の英領ヴァージン諸島に六一万社以上の企業があることになっています。二万二〇〇〇人の人口の地で六一万以上の会社が経営され、そこに勤務する人間がいるということは、現実にはとても考えられないことです。つまり、六一万社以上の企業のほとんどが、書類上はヴァージン諸島にあることになっているけれども現地での営業実態のない会社、実際の業務はどこか別の国で行っている会社、税逃れを目的としたペーパー・カンパニーであることを示しているわけです。

こうしたペーパー・カンパニーが実際にどうなっているかというと、ケイマン諸島のペーパー・カンパニーを現地におもむいて見てきた志賀櫻《しがさくら》は次のように言っています。

「この島にあるオフィス・ビルには、それぞれ何千という会社が存在することになっているが、いずれも看板とポスト・ボックスのみの無人の会社（ペーパー・カンパニー）である」（志賀櫻『タックス・ヘイブン』）。一つのビルごとに何千もの無人の会社……、想像するだけでちょっとゾッとする光景です。

ここまで読まれた読者の中には、「海外のセレブリティや大企業の節税対策なんて日本の一市民にすぎない自分には関係がない」という人もいるかもしれません。また、「脱税はダメだけれども税務署が取り締まればよいのであって、まじめに納税している自分には関係がない」

と思う人もいるでしょう。

しかし、そうではないのです。まじめに納税している一市民にとって重大な問題がここにあります。それも単なる脱税事件ではなく、私たちの身近な問題から、格差拡大や環境問題のようなグローバルな問題にもつながっているという話を本書でしたいと思います。

パナマ文書はなぜ暴露されたか

話を先に進める前に、もう少しパナマ文書について触れさせてください。この文書はなぜ暴露されたのでしょうか。「南ドイツ新聞」は大量の情報を提供した人物から声明文を受け取っています。情報提供者の名前は、身元不明の人物を表すときに使われる一般的な仮名ジョン・ドウ（John Doe）の署名で、二〇一六年五月六日に声明文は同紙で公開されました。声明の抄訳は次のようなものです（以下IWJ Independent Web Journal, http://iwj.co.jp/wj/open/archives/301079を参照）。

所得格差は我々すべてに世界規模で影響を及ぼす、今日における決定的に重要な課題の一つである。所得格差の急速な拡大についての議論は、政治家、学者、活動家達が何年間もさまざまな議論を巻き起こし、多くの講演、多くの統計学的分析、ほんの数回の小規模なデモと時折ドキュメンタリー報道がなされてきたが、どれもほとんど成果を上げられていない。そして急速な格差拡大の原因は?そしてなぜ今そうなのか?という疑問は残されたままだ。

「パナマ文書」はこの疑問に対し、強力な答えを提示している。それは広範囲で深刻な不正が横行している事実だ。

この証拠が法律事務所内にあったことは偶然ではない。モサック・フォンセカ法律事務所は、世界規模で影響力を行使して犯罪者の利益のために法律を作り、条文をねじ曲げてきたので、単なる「富の管理」のための歯車であるとはいえない。

(略)

多くのダミー会社は租税回避の犯罪とつながっている。しかし、ダミー会社の存在そのものが違法ではなくても、租税回避以上の幅広い重大犯罪のために使用されていることが厳然たる事実であることを「パナマ文書」は示している。

私がモサック・フォンセカ法律事務所の内情を暴露したのは、こうした犯罪行為に関わる創業者、従業員、顧客がそれぞれどのような役割を担っているのかを世間に明らかにするためである。しかし現時点では、まだその一部しか解明されていない。おそらく同社の悪事の全体像が解明されるには、何年、あるいは何十年もかかるのであろう。

文面にはいまの不平等と不正に対する強い義憤と、元アメリカ国家安全保障局のエドワード・スノーデンら内部告発者たちへの敬意が表されています。このジョン・ドウが本物であるならば、たいへんな決意と覚悟のもとのリークであったことがわかります。名前が挙がったスノーデンもパナマ文書に対して、「汚職報道に関する史上最大のリークだ」と評しています。

物足りない日本の報道

パナマ文書問題は世界的な大ニュースで、各国で衝撃をもって受け止められました。先ほども紹介したとおり、欧米ではパナマ文書に名前が挙がっていたことで首相や閣僚が辞任するほどの騒ぎになりました。しかし、日本ではいま一つ反応が鈍いように思います。当初でこそ日本のメディアも大きく取り上げていましたが、半年経たずにほとんど報道されなくなりました。

そのことはしばらく横に置いておいて、ひとまず第一報を見てみましょう。「朝日新聞」では「サウジ国王・プーチン氏友人…租税回避地に関係会社」と見出しをつけて、次のように書き出しています。

「カリブ海の英領バージン諸島などのタックスヘイブン（租税回避地）に設立された二一万余の法人に関する電子ファイルを、南ドイツ新聞と非営利の報道機関『国際調査報道ジャーナリスト連合』（ＩＣＩＪ）が入手した。中には、ウクライナのポロシェンコ大統領やサウジアラビアのサルマン国王、ロシアのプーチン大統領の友人らの関係会社の記録が含まれていた」（「朝日新聞」デジタル、二〇一六年四月四日付）

カリブ海の英領ヴァージン諸島、南ドイツ新聞、ウクライナ、サウジアラビア、ロシア……。これだけ見れば、日本からは遠い外国の出来事のような印象を受けるのではないでしょうか。

同日の「日本経済新聞」はどうでしょうか。「租税回避地で二〇〇〇億円超　プーチン氏周辺が巨額取引」との見出しで、「ロシアのプーチン大統領周辺の人物らがタックスヘイブン（租税回避地）の企業を使って巨額融資を受けるなど、総額約二〇億ドル（約二二〇〇億円）の金融取引をしていたことが三日、共同通信も参加する『国際調査報道ジャーナリスト連合』（ＩＣＩＪ）が入手した内部文書で判明した」と報じました（「日本経済新聞」電子版、二〇一六年四月四日）。これだけ見れば、ロシアで起きた事件と感じる人も多いはずです。

もちろん「朝日新聞」も「日本経済新聞」も、記事はこれだけではなく、このヘッドラインの記事のあとで詳しく説明しているのですが、見出しと書き出しの文章は読んだ人の印象に強く残ります。「遠い外国で、ロシアのプーチン大統領周辺の人物らがなにか大金を動かしたらしい、なにやら不正があるらしいが、日本にいる自分たちにはなんの関係があるのだろうか？たぶん関係ないだろう」そんな印象を持った人がいても不思議ではありません。

しかし、パナマ文書の問題は日本の私たちと実は大いに関係があるのです。

タックス・ヘイブンは身近な問題

たとえば、スマートフォンはどこのメーカーを使っているでしょうか。あるいはこの前コーヒーを飲んだのはどこの店ですか、インターネットを通じて本を買うときはどの業者を使っていますか、インターネットで検索するときどうしていますか。

アップル、スターバックス、アマゾン、グーグルなど、おそらく多くのみなさんが頭の中で思い浮かべただろう企業は、そのほとんどがタックス・ヘイブンを使って租税回避をしている、あるいはしてきた企業です。

しかし、タックス・ヘイブンを利用しているのはなにも外国の企業に限ったことではありません。まず、金融機関です。三井住友フィナンシャルグループや、みずほフィナンシャルグループなどがあります。それも当然のことで、国際的な銀行の資産の取引に関しては、その半分はタックス・ヘイブンを通じて行われていますし、銀行の国際業務や債券発行業務の八五%もタックス・ヘイブンで実施されているからです。

その他にも、東芝、日産、パナソニック、ヤマハ、伊藤忠、丸紅、三菱商事、住友商事、東京電力、関西電力、九州電力、KDDI、日本航空も租税回避地に関連会社を持っています。

このように、タックス・ヘイブンを利用している会社には、私たちのよく知っている企業があります。もちろん、ここに挙げた以外にも多くの大企業がタックス・ヘイブンを利用しており、その実態について一つひとつの企業を丁寧に調べる必要はあるとは思いますが、こうした企業にタックス・ヘイブンを使って租税回避という名の税逃れをしている疑惑が向けられているのです。つまり、彼らが税金を払わない分、格差が広がるだけではなくて、財源不足で本来受けられるはずの社会的サービスが受けられないという形で、一般市民の生活に確実にしわ寄せが来ている。そういう観点に立つと、パナマ文書と普段の生活は密接に関係しているのです。

たとえば、子育て・教育があります。

以前にインターネット上で「保育園落ちた日本死ね!!!」という刺激的なタイトルで、働くお母さんが子どもを保育所に預けられないで困っているというブログ記事が出て、国会でも取り上げられ話題になったことがあります。保育所も足りない、保育士も足りないということで、保育所に入れる順番を待っている待機児童が多いということが社会問題としてクローズアップされました。

また、保育所にはうまく入れて、子どもを高校に入れるところまではなんとか育て上げても、まだ先があります。いまの日本の大学は学費が高額化傾向にあり、借金なしには大学まで子弟を進学させられない家庭も少なくありません。日本の大学の初年度の学費（入学金などを含む）はいまや国立で八〇万円以上、私立で一〇〇万円以上が普通です。理系の学部ではこの他に実験費などが加わります。これでは、低所得層の勉学好きな子が大学進学するためには多くは貸与型奨学金という名の借金を背負わざるを得ません。日本では給付型の奨学金制度が他の経済協力開発機構（ＯＥＣＤ）諸国ほど一般的ではないからです。その結果、奨学金返済のために学生がブラックバイトで身も心もすり減らし、社会人になってからも長期間にわたって返済に縛られるという話も多いのです。他方、よく知られているようにフランスやドイツの大学の学費は無料か、とても安いのです。

あるいは老人介護。

在宅で老いた親の世話をしていた親孝行な息子さん・娘さんが、仕事を失い、生活にも困窮したあげく、切羽詰まって一家心中を図ったという悲しいニュースもしばしば目にします。

解決の方向性ははっきりしています。保育所を増やし、保育士を増やし、大学の学費を下げ、老人介護施設を増やし、介護士を増やす。保育士や介護士を増やすにはその待遇を改善すればよい。これですべてとはいわないまでも問題は大幅に改善されます。国や自治体がその気になればできることです。そのために私たちは税金を払っているのです。

働く女性が子どもを安心して預けることができ、その子が成長したら大学に入れることも可能で、老いた親の世話を安心して任せることができれば、結果として労働人口も増えることになりますし、社会に活気が取り戻されることでしょう。そして、働く人が増えれば税収も増えます。

よいことずくめなのに、どうしてそうならないのか？　それは、政府に言わせれば、「財源が足りない」、つまりお金がないからです。

しかし、お金はあるのです。タックス・ヘイブンに。うなるほど。

都知事の政治資金私的流用より、はるかに巨額な租税回避

パナマ文書問題が報じられるのと相前後して、舛添《ますぞえ》要一東京都知事（当時）の海外出張費が

高額なことがやり玉に挙がり、さらには同氏が政治活動に使うべき政治資金を私的な交際や買い物に流用していたのではないかという疑惑も飛び出して、日本のマスメディアはこの話題でもちきりになりました。

並行してパナマ文書の報道も続いていたのですが、同氏の政治資金流用疑惑にすっかりかき消されてしまったように見えました。「外国でお金持ちがなにかやっている」というような遠い印象のパナマ文書問題よりも、日本国内の、テレビ出演も多く広く名の知られた舛添知事のイメージしやすい額の金銭スキャンダルの方が、庶民にとって身近な問題だったのでしょう。

身近なニュースの方が関心が高いというのは、人間の心理としてよくあることです。けれども、それは身近なニュースの方が重要だということには必ずしもなりません。一見すると、遠い外国で起きた縁の薄いことのように思える事件の方が重要で、私たち自身にとっても本来は身近な問題であることがあります。パナマ文書問題はまさにそういう問題の一つです。

舛添知事が、家族と行った温泉ホテルの宿泊費を政治資金から出していたり、別荘に通うのに公用車を使ったりしていたのは、確かに公私混同であって好ましくないことです。自分たちの血税がそんなことに使われていたのかと怒りたい気持ちになるのは当然です。たとえ法的には問題がないとしても、東京都知事という公人としての自覚に欠けると批判されても致し方ありません。

しかし、租税回避も同じことです。法的には違法ではないとしても、倫理的に好ましいことではありません。この点では舛添知事の公私混同とパナマ文書問題は同じです。けれども、そこで問題になるお金の額が桁違《けたちが》いだということです。

どれくらい違うのでしょうか。

同氏が私的流用したといわれている額は、週刊誌などの報道を総合すると約一四〇〇万円くらいと推定されています（海外出張費は含まず）。確かに高額です。

一方、タックス・ヘイブンに秘匿されている個人資産はおよそ二三一〇兆円から三五二〇兆円といわれ、もしこれに課税すれば、年間二一兆円から三一兆円の税収が見込めるとされています。かたや万の単位、かたや兆の単位で、桁違いの金額です。

舛添都知事の私的流用費　　　　一四〇〇〇〇〇〇円
租税回避地での課税逃れ　二一〇〇〇〇〇〇〇〇〇〇〇〇〇円

こうしてみるとどれだけ桁が違うのかが一目瞭然《りょうぜん》でしょう。この金額の大きさがパナマ文書問題に注目すべき第一の理由です。

しかし、それでも、租税回避のことを身近な問題として感じられない方も多いと思います。

なぜ身近に感じられないのでしょうか。これは税というものへの関心の薄さと関係していると思われます。

日本社会では、税の使い道についての関心が希薄な印象があります。舛添都知事の金銭問題についての報道でも、税の使い道として適切だったかという報道ももちろんありましたが、やがて、「せこい」とか「ずるい」とか、個人の性格の問題にまで矮小化《わいしょう》されてしまいました。

けれども、問題は税のあり方であって、それは個人的な問題ではないのです。税の問題と言われても、自分は所得税も住民税も給料から天引きされてきちんと納めているのだから問題も関係もないと思われる方もいるかもしれません。しかし、税の問題は、みんなの問題、すなわち公共の問題です。そのあたりを、一度根本から考えてみましょう。

もし日本に税金がなかったら?

想像してみてください。税金がない日本を。

税金を払わなくてよい分、所得が増える! 嬉《うれ》しい! という部分もあるでしょう。他方、その代償で失われるものがあります。

まず巨万の富を持つ富裕層や巨額の利益を上げる大企業から税金が取れません。そうすると、お金持ちはますますお金持ちになる一方で、貧困層にはお金が再分配されませんので、ますます貧困になります。

税金が払われないということは、政府にお金が入らなくなるということです。税金という形で政府に財源があったからこそ、医療、福祉、教育などの公共サービスが提供されてきましたが、それらが政府からは提供されなくなります。地震大国なのに防災対策もできなくなるでしょう。

公共サービスと言えば、道路もそうです。日本では、ほとんどの道路は税金によって整備されている公道です。こうした公道は、舗装だけでなく、信号も道路標識も横断歩道やガードレールも税金で整備されています。これらがみな整備されなくなったらどうなるのでしょうか。たいへん不便となり事故が多発するでしょう。

交通事故が起きるとパトカーと救急車がやってきて、事故処理をしたり、怪我人がいれば病院に搬送したりします。警察官や救急隊員の給料も税金でまかなわれています。もし税金がなくなったら、道路は無法地帯で、事故があれば自力救済する他ありません。

政府の役割については、それを最小限にすべしという夜警国家論という主張があります。政府のやることとは、犯罪の取り締りなど、社会の治安を維持するための最低限の役割だけでよいのではないかという主張です。しかし、それにしても、警察官や裁判官の給料は払わなければなりません。そして、その財源は税です。

結局、税がなければ社会は成り立たないのです。

再分配されるべき税が回らなければ社会は崩壊する

さらに、「税金の問題はみんなの問題だ」と述べたことについて、租税回避の観点から見てみましょう。租税回避の根本的な問題は、それが社会の土台を掘り崩す点にあります。大企業や富裕層が巨万の富を租税回避する一方で、庶民は源泉徴収でばっちり課税されます。租税回避によって、本当に不公平で、正直者がばかを見る社会になってしまいます。税金をまじめに納めた人が損をする。そんなことが繰り返されれば、社会の崩壊につながります。

また、大企業や富裕層が租税回避をすれば、その分、国家の税収は減るわけですから、そのしわ寄せは全部庶民がかぶることになります。税金がきちんと納められ、適正に分配されれば、社会保障を手厚くする力になりますし、一般の人たちの生活は安定して、購買力も高まり、お金が回るようになります。実はタックス・ヘイブンを利用するような会社にとってもこれはメリットのはずです。つまりこのことは、富の再分配によってもう一回経済を活性させるという話で、まさに私たちと関係する問題なのです。

このように、税のことを根本から考えれば、パナマ文書もきわめて身近な問題であることがわかってきます。

パナマ文書に無関心な日本人

いま源泉徴収制度の話が出ましたが、実は、これもパナマ文書について、日本で関心が薄い原因になっていると考えられます。

確定申告の際、自分で申告する欧米と、源泉徴収で一方的に受け身で「取られている」日本では、その差は大きいです。

欧米は一般的に源泉徴収ではなくて確定申告なので、自分で書類を作って出さなければなりません。そのときに、自分はどれぐらい稼いでいて、どれぐらい税金を取られるのかということがわかるわけです。だから、税に対する目がとても厳しい。「自分はこれだけ払っているのだから、こういう政策を実現するために税収を使ってほしいということは、要求をしてしかるべきである」という感覚、つまり主権者の感覚があります。

他方、日本は、ほとんどの人は源泉徴収で一方的に取られて、「あーあ、もうちょっと税金なんとかならへんのかなぁ」で終わりです。あるいは、「少しでも経費に回してその差額を取り返そうか」というようなことを思っているケースがほとんどではないでしょうか。「これだけ税金を払っているのだから、自分たちが望むことを政府にやってもらう」という主権者としての発想にはなかなかたどり着きません。

脱税・節税・租税回避の違い

さらに、日本で関心が薄い理由として考えられるのは、「自分で汗水流して稼いだお金を税金で持っていかれるのは誰だって嫌だろう」という気持ちです。

タックス・ヘイブンを使って税逃れする企業はみな、「これはあくまでも節税対策で、しかも合法。ですから正当なビジネスです」と言い張っています。けれども合法だというのは言い過ぎで、（現行法では）違法とはされてはいないグレーゾーン、あるいは「合法的脱税」と呼んでもよいでしょう。

ここで、脱税と節税と租税回避の違いをまとめておきましょう。

脱税は簡単な話で、たとえば、Mさんが会社を作ったとします。Mオフィスという企業を立ち上げたら、今年一年間で一億円を超える利益が上がった。だから、法人税として三〇〇〇万円払わないといけないということになったとしましょう。でも、Mさんが払わなかったらそれは脱税で、最悪の場合、刑務所行きです。あるいは、「実は一億円ももうかっていません」などの虚偽の申告をする。それも脱税で、違法です。

節税の場合はどうか。多くの場合、節税とは、会社の営業経費を増やして、「これだけ売り上げは出たけれども、そのために原料費やら宣伝費やらがこれだけかかっています」と申告して課税対象額を下げようとすることでしょう。けれども、さらに大きな節税は、「日本の税率は高すぎる。三〇〇〇万円などという大金を税金で払いたくないから、Mオフィスは税率の低い海外に拠点を移します」といって会社ごと移転してしまうやり方です。そうすれば、日本に三〇〇〇万円を払わなくて済みます。海外の、税率がすごく低いところであれば、たとえば法人税や所得税は五〇〇万円で済むかもしれません。そうすれば、二五〇〇万円分のお金が浮きます。これが節税です。

問題の租税回避はなにかというと、実際に会社を移転するのではなくて、書類上、形だけ海外に移ったことにすることです。Mオフィスは日本にあるし、日本で営業していて、日本でもうけているのだけれども、形だけは海外に存在する企業。ですから、その所得は全部海外でもうけたことになるので、課税も海外でされます。その海外の法人の所在地がタックス・ヘイブンであれば、税金はほとんど払わずに済みます。日本の税収で整備されたインフラを利用しながら実質的な経済活動を行っているのですから、本当は日本で課税されなければならないのにもかかわらず、です。海外に法人がある以上、日本の実質上の本社は形の上では子会社、あるいはもう存在しないことになりますから合法というわけです。

なぜこのようなことがまかりとおるのでしょうか。一言でいうと、経済、金融、企業活動はグローバル化しているのに、政治と法律と税金が追いついてないからです。特にマネーは瞬時に国境を越えているのに対して、一般的に「公法は水際まで」と言われるとおり、ある国の税法を、国境を越えて適用することはむずかしいのです。そこの間隙《かんげき》をついて甘い汁を吸おうというのが租税回避、つまり税逃れです。

グローバリゼーションで、カネ、ヒト、モノが国境を越えて回っているのに、税は国境の壁があって越えられない。そこを利用されているわけです。

移転価格という税逃れ

グローバル化を利用した税逃れはかねてより行われてきました。代表的なものが移転価格です。基本は簡単で、日本に本社のある会社が、海外の子会社にある製品を高値で買い取れば、本社の収入は減るわけですから、日本で払う税金は少なくて済みます。

一方で、海外の子会社は製品を高値で売り払ったことになるので、収入は増えて、その分課税されることになるのですが、もし子会社の所在地がタックス・ヘイブンであれば、子会社も税金を払わずに済みます。

現在では、移転価格税制ができて、同一の企業グループ内で売買する場合に、第三者と売買する場合とかけ離れた値段で取引することは禁じられていますから、こんな単純な手は使えません。

けれども大企業ともなると、世界各地に支社・支店を持つ多国籍企業ですから、各地の子会社や関連会社を組み合わせて、複雑怪奇な税逃れの手口を作り出すことができます。

租税回避の巧みな抜け穴工作——ダブルアイリッシュ・ダッチサンドイッチ

そもそも、企業がタックス・ヘイブンを使って行う税逃れは、規模にしても方法にしても私たち庶民がやりくりをしている節税とはまったく違うものです。いまも現役で使われている代表的な方法をご紹介しましょう。

「ダブルアイリッシュ・ダッチサンドイッチ」（五六頁、図2参照）というものがあります。喫

図2　ダブルアイリッシュ・ダッチサンドイッチの節税方法

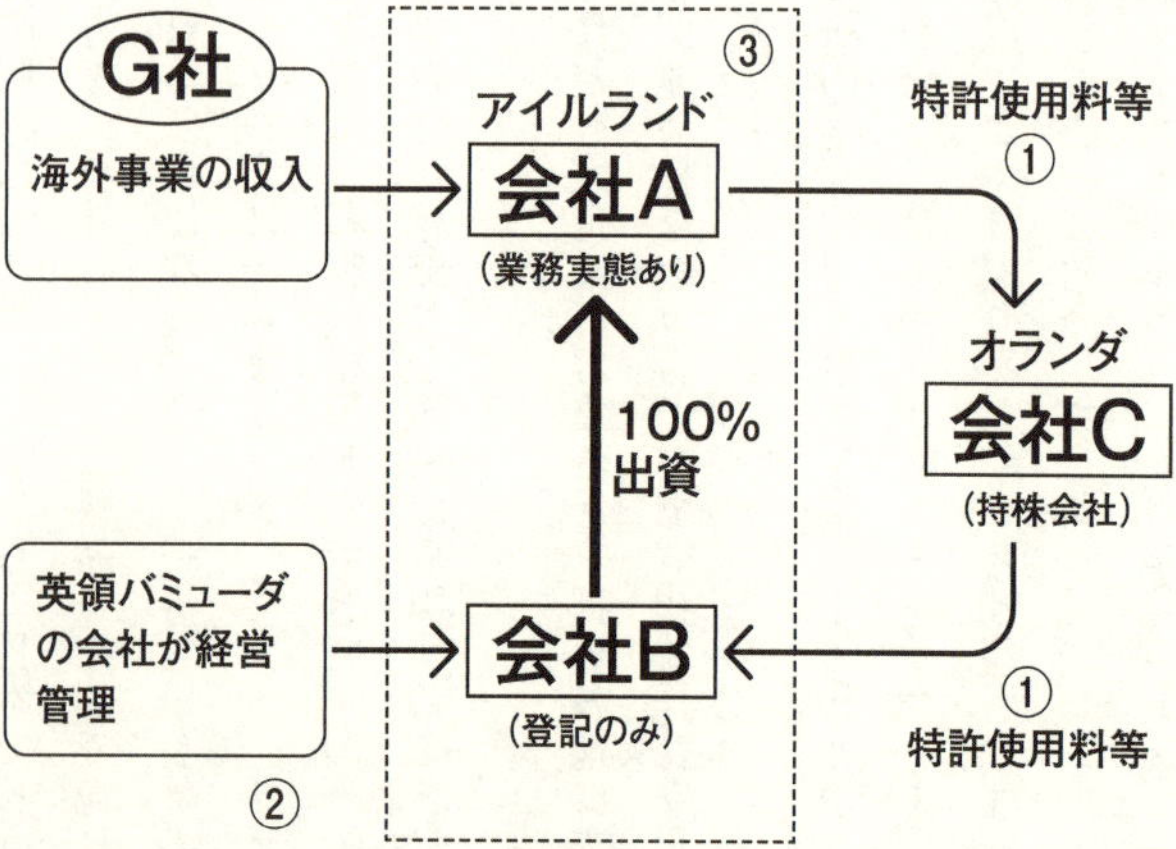

①アイルランド、オランダ間で非課税
②アイルランドはB社をバミューダ籍とし非課税
③アメリカはA、B社間の資金の流れを法人間ではなく、
法人と支店のやりとりとして非課税

茶店のメニューではありません。アップルやグーグル、フェイスブックなど大手IT企業が利用している方法として有名なものです。

　まず、G社は準備として、アイルランドに二つの子会社A社とB社、オランダに一つの子会社C社を用意します。子会社を設立したら、お金を次のように移動します。

　まず、アイルランドの子会社AがG社の海外事業の利益を回収します。アイルランドは法人税率が低いので税金はあまりかからずに済みます。

次に、A社が集めたお金を特許使用料などの名目でオランダの子会社C社に送ります。このC社はトンネル会社です。このC社を通じて行う取引はオランダの優遇税制により非課税となります。

このC社から、またアイルランドのB社に特許使用料等としてお金を動かします。このB社には仕掛けがあって、アイルランドの法人だけれども、経営はバミューダの会社がしていることになっています。アイルランド税法では海外に経営母体がある会社には課税されません。また、バミューダには法人税がないので、B社はどこにも税を払う必要がありません。

このようにして本社は世界各地から集めたお金をできる限り課税されずにプールしておけるのです。

二つのアイルランド法人（ダブルアイリッシュ）で、オランダ（ダッチ）の法人をはさんでいるので、ダブルアイリッシュ・ダッチサンドイッチというわけです。

これはアイルランド、オランダ、バミューダという三つのタックス・ヘイブンの特徴を組み合わせたたいへん手の込んだ仕掛けでしたが、今後この手法は段階的に廃止される見通しになっています。

ビジネスにはタックス・ヘイブンが必要悪なのか？

「タックス・ヘイブンはビジネスには必要悪なのだから仕方がないのだ」、また、「ビジネスはいいけれども、政治家はダメだ」という議論もあります。つまり、「政治家は税金を取る側なのだから、取る側の人がごまかすのはあり得ないけれども、ビジネスは合理的な利益追求だからセーフだ」という論理です。

本来は、どちらもアウトではないでしょうか。納めるべき税金を、方法はどうであろうとも、結果的に納めていないということ自体が、基本的に問題なのです。いくら合理的であろうと、それがビジネスにとってプラスであろうと、社会全体から見たらアウトです。

現行法でタックス・ヘイブンを利用した税逃れが違法とされないのは、法律に不備があるだけであって、倫理的には悪。どんな企業も、社会のインフラを使って経済活動をしている以上、その社会に税を納めるのは当然です。

もしタックス・ヘイブンの利用者が、社会とまったく関係を持たず、なんの恩恵も受けていない人たちだったら、それこそ南海の孤島で自給自足の生活をしているような人たちであったなら、その言い分もわからない話ではありませんけれども、現実にはそんなことはあり得ません。
したがって、将来タックス・ヘイブンは、原則的には廃止されるべきものなのです。

タックス・ヘイブンに秘匿されている五〇〇〇兆円！

いまタックス・ヘイブンは廃止されるべきだと言いましたが、その理由を別の観点から言うと、そこに秘匿されている額があまりにも大きいからです。つまり、本来は払われているはずの税金がタックス・ヘイブンにプールされ、表に出て回るべきお金が回っていないのです。回るべきお金が回ってこないということは、それによって恩恵を受けられる人が少なくなるということになります。

秘匿されている額なのですが、タックス・ヘイブンと資本逃避の問題を専門的に扱っている国際NGOネットワーク、タックス・ジャスティス・ネットワークの調査によると、個人資産でおよそ二一兆～三二兆ドル（二三一〇兆～三五二〇兆円）。これにきちんと課税すれば、年間一九〇〇億～二八〇〇億ドル（二〇兆九〇〇〇億～三〇兆八〇〇〇億円）の税収が得られると試算されています（Tax Justice Network 2012）。

同様に多国籍企業の租税回避に課税すれば、年間一〇〇〇億～二四〇〇億ドル（一一兆～二六兆四〇〇〇億円）の税収が得られます（ＯＥＣＤ、ＢＥＰＳ最終報告書、二〇一五年）。つまり、トータルで三一兆九〇〇〇億～五七兆二〇〇〇億円という額が「合法的脱税」で税を逃れているのです。

このように、タックス・ヘイブンに秘匿されているお金は、ざっと五〇〇〇兆円。これはものすごい額です。世界のすべての経済、ＧＤＰの合計が八五九〇兆円ぐらいですから、半分以上はタックス・ヘイブンに秘匿されていることになります。

日本の企業がまともに税金を払えば消費税を上げずに、奨学金の無償化も可能に

いま租税回避に税が適正にかけられれば、世界で年間におよそ三二兆円から五七兆円の税収が新たに得られることを見ました。仮に日本が世界の一〇分の一程度タックス・ヘイブンを利用しているとしたら、日本で得られる新たな税収は三・二兆円から五・七兆円になります。これは規模感を示すためだけの数値にすぎませんが、これだけの財源があったら、消費税を上げることなく、前述の保育士の給料を五万円引き上げることもできるし、大学生の奨学金の無償化も可能になります。保育士の給料や奨学金はあくまでも一例にすぎませんが、タックス・ヘイブンは私たちの生活に深く関係する問題であることは明白ではないでしょうか。

タックス・ヘイブンがあるせいで、大企業や富裕層が税金を払わない。払わない人が、払わなかったお金でマネーゲームをして、さらに豊かになる。一方、マネーゲームをする金もない庶民が税金をまじめに払っている。その結果、格差は開く一方で、社会保障はさらに削られていく……。これこそが日本や世界で格差をはじめとする不平等を生んでいる構造そのものなのです。

第二章　富の偏在を可視化すること

タックス・ヘイブン——可視化の重要性

パナマ文書がその一端を明らかにしたタックス・ヘイブン（租税回避地）の特徴を簡単に言えば、「そこにお金を持っていけば、自国で税金を払わずに済み、名前も公開されずに、好き勝手にお金の出し入れができる国や地域」であることはすでに述べました。これまでは、自国に税金を払わずに済むこと、そして、タックス・ヘイブンは税率がゼロか非常に低いので、結果としてどこにもほとんど税を払わずに済むという点に注目して、その問題点についてみてきました。

ここからは、タックス・ヘイブンのもう一つの特徴、すなわち、「名前も公開されずに、好き勝手にお金の出し入れができる」という側面に着目し、それを可視化、つまり「見える化」することがいかに大事なのかということについて説明していきたいと思います。

秘密名義の後ろ暗いメリット

大企業や富裕層がタックス・ヘイブンを使う理由として、節税と同等、あるいはそれ以上に重要な理由があります。それは、タックス・ヘイブンを使うことで、お金の出し入れにあたって、企業名や、国名を表に出さなくて済む、場合によっては企業名も国名も変えることさえできるからです。タックス・ヘイブンの顧客情報は秘密法的なもので守られています。そこでどんな取引をしようと、表には出ないというのがタックス・ヘイブンの一番の売りです。だからこそ、その情報を流出させたパナマ文書は、あれほどまでに注目されたのです。

自分の名前を明らかにされない、いったん名無しの存在になれることにメリットがいろいろあるということです。節税していることもわからないし、どこか本当は取引してはいけないところと取引していることもわからなければ、後ろ暗い商売でこっそりもうけることもできます。相続税なども本人の名前を出さずに済ませられれば、課税されずに渡したい人に渡せます。

たとえば、イランはずっと経済制裁の対象でビジネスが規制されていたので、日本の企業がイラン国内で仕事をするときには、その規制に違反することになるとまずいので、日本企業だとばれないようにしたい。そこで、タックス・ヘイブンを通して取引することで、日本企業であることを隠してビジネスをしたという例があります。

このように、タックス・ヘイブンの秘匿性によって、取引する当事者の名前や身元を隠すことができる。だから大企業や富裕層はタックス・ヘイブンを使うわけなのです。

ゴルゴ13がスイス銀行を使うわけ

「スイス銀行の番号口座への振り込みが確認され次第、仕事に入る……」

人気劇画『ゴルゴ13』（さいとう・たかを著）のセリフです（第二九九話「東亜共同体」、小学館『ビッグコミック』一九九一年七月掲載）。狙撃《そげき》の名手ゴルゴ13は高額の報酬と引き換えに暗殺を請け負う殺し屋です。その彼が依頼人からの報酬をスイス銀行、正しくはスイスのプライベートバンクに振り込ませるのはなぜでしょうか。

まさか税逃れ？　確かにスイスの銀行はタックス・ヘイブンの一つとして知られていますが、世界を股《また》にかけて暗躍する劇画のヒーローには似つかわしくありません。

正解は秘密保持です。スイスの銀行は、スイスの国法によって顧客情報についての守秘義務が課せられています。それだけ秘匿性が高いことで有名です。

殺人はどこの国でも犯罪ですから、依頼する側も依頼される側も、証拠を残すわけにはいきません。お金の出入りから足がついて一網打尽にされたらたいへんですから、こうした後ろ暗い取引に秘密厳守の金融機関は必須というわけです。

もっとも、現実にはスイス銀行も部分的にではあれ情報公開に応じるようになってきています。第二次世界大戦中にナチスドイツによって強制収容所で虐殺されたユダヤ人たちの遺族が、戦後、スイス銀行に故人の遺産を引き渡すように求めたことがありました。スイス銀行は秘密厳守を盾にして預金があることすら認めようとしなかったのですが、やがて、預金者が亡くなったのをいいことにして銀行がその遺産をそのまま懐に入れていたことが発覚し、国際的な非難を浴びることになりました。これを教訓として、犯罪がらみのケースではスイスも情報開示する場合があるので、ゴルゴ13の資金ルートもいずれは白日の下にさらされることになるかもしれません。

冗談はともかく、犯罪がらみの金が流れ込むのもタックス・ヘイブンの特徴です。

闇資金のマネー・ロンダリング

犯罪がらみのお金の出所と資金の流れを隠し、日の当たるところで使えるようにすることをマネー・ロンダリングと言います。これにタックス・ヘイブンが使われています。タックス・ヘイブンの秘匿性がこのマネー・ロンダリングにうってつけだからです。つまり、そこに入金したら自分の名前は隠してもらえるし、場合によっては国籍からなにから全部変えてもらえるわけですから、タックス・ヘイブンに作った口座からお金を引き出せば自分のお金はきれいになって戻ってくる、そういうからくりです。

このからくりを使って、暴力団・五菱会《ごりようかい》の元幹部が闇金融でもうけた九四億円をタックス・ヘイブンでマネー・ロンダリングしていたのが五菱会事件です。これは元幹部が闇金融でもうけたお金を二つの銀行を使って隠匿したものでした。

まず、元幹部が隠匿したい現金を無記名式の割引金融債に変えます。この債券をクレディ・スイス銀行香港支店の行員を通じて、スタンダード・チャータード銀行東京支店で現金化します。債券は無記名式ですから、この段階で元幹部の個人名は消えてしまいます。その上で、クレディ・スイス銀行香港支店に作っておいた元幹部の口座に送金する。

つまり、自分のお金を自分の口座で受け取るのに、間に無記名式割引金融債の購入と換金という手間をかけることで、名前のない誰かからのお金を受け取ったようにしたわけです。

こうしてお金の出所と名前を消しておいて、最後にスイス銀行の口座に送ったのですが、ここで足がつきました。スイス・チューリッヒ州当局がその口座を差し押さえたからです。元幹部は二〇〇三年に逮捕され、実刑判決が下されました。

現実は劇画のようにはいかなかったという結末ですが、この事件の舞台となった香港もスイスもタックス・ヘイブンであり、その秘匿性が悪用されたことは言うまでもありません（久保田隆「マネーロンダリング――増え続ける犯罪資金の隠匿」『週刊エコノミスト』二〇一六年五月二四日号。志賀櫻『タックス・ヘイブン』参照）。

テロ資金の流れも

実際にタックス・ヘイブンは、富裕層も使うけれども犯罪組織も使っています。さらに近年頻発して世界的な問題になっているテロ、そのための資金を運ぶのにも使われています。タックス・ヘイブンを使えば、資金を運ぶルートも、その資金を誰が出したかも、どこに行ったかもわからないようにすることができてしまうからです。

たとえば自分が某テロ組織を支援していて資金を送りたいとします。普通にやったら名前がばれてしまいます。そこでタックス・ヘイブンに会社を作って、そこでは違う名前に変えてしまって、その会社から送るようにすればいいのです。資金はタックス・ヘイブンの中のA社に行き、そのA社との取引という形でB社に移し、B社から某テロ組織に流すということができるというわけです。

こうすると資金提供者は、実際にはお金をテロ組織に送って支援しているけれども、そのことはいっさい表に出ない。逆に、犯罪を捜査する側からすれば、誰が資金提供者なのか、タックス・ヘイブンという不透明地帯が間に入ることによって、お金の流れをたどるのがむずかしくなります。

こうしたテロ資金関係の事件はいくつも起きているようですが、なかなか裏のとりようがない話が多く、読者にご紹介できないのが残念です。もっとも、それこそがタックス・ヘイブンのタックス・ヘイブンたるゆえんでもあるのです。

表に出ない軍需産業の闇資金の流れ

テロ資金がなにに使われるかと言えば、当然のことながらまずは武器の購入です。国家の軍隊や警察などの公的機関が購入する場合はそういうこともないでしょうが、顧客がテロ組織や犯罪組織の場合は軍需産業も水面下で取引することになります。

それらの取引もまたタックス・ヘイブンを通して行われます。この裏取引については、表に出ている部分が何割で、裏が何割かというのはわかりませんが、裏があるのはまちがいないと思われます。武器取引についてパナマ文書のようなものが出てきたら、それこそたいへんな騒ぎになるでしょう。

かつて、大正時代にシーメンス事件というものがありました。日本海軍がドイツのシーメンス社から装備品を購入する際に、海軍高官がシーメンス社から多額の賄賂《わいろ》を受け取っていたことなどが発覚して山本（権兵衛）内閣が総辞職した事件です。このときも大騒ぎでしたが、もし現代で軍事版パナマ文書が出てきたらこの程度では済みません。関係する国の数も企業の数も多く、また水面下で動くお金も桁違いに多いことが予想されるからです。

こうしたことは日本に暮らしている自分には関係ないと思う方もいるでしょうが、実は大いに関係があるのです。

日本はこれまで憲法九条のもと、「武器輸出三原則」で武器取引を規制してきましたが、武器輸出三原則は二〇一四年に「防衛装備移転三原則」に切り替えられ、輸出規制が緩和されています。武器輸出で経済を活性化させようという話で、経団連が強く要望してきました。

武器輸出規制緩和を受けて、すでに日本の企業は二〇一四年にフランスで開かれた国際的な兵器見本市「ユーロサトリ」に出展しています。二〇一六年六月に開かれた同見本市には、防衛装備庁のブースも設けられました。

いまのところ日本企業は武器輸出にそれほど積極的ではないようですが、この流れがどんどん進めば、やがて国との取引だけではなくて、テロ組織や犯罪組織との水面下での取引、武器密売が行われ、タックス・ヘイブンでマネー・ロンダリングがされるおそれがあります。そんなことはあり得ないと思われるかもしれませんが、可能性ゼロとは断言できないところに現在の政治的・経済的状況の怖さがあります。もしそれが現実になれば、軍需産業は国家と結び付いていますから、税金を払っている人は誰でも、死の商人の片棒を担がされることになるのです。

途上国の不透明な国庫流出疑惑

開発途上国には、先進国から政府開発援助（ＯＤＡ）として資金が提供されています。目的はインフラ整備、教育や福祉、産業の育成などですが、そのお金が、たとえば飢餓に苦しむ人のための食糧や、水害に悩む地域の治水工事費用や、子どもたちの教材費などとして、本当に必要とされている現場に十分に行きわたっていないのではないかという疑惑は常にささやかれています。

一般的に、途上国の多くは国家会計がどうなっているか、見えないことが多いとよく指摘されています。たとえば、先日もナイジェリア人と話をしている中で、「うちの国の政府は閣僚が国庫から勝手にお金を持ち出して自分の銀行に入れているんだ」という話を聞きました。

ＯＤＡで受け取った援助物資を高値で売り払って、その金で安価なものを買って民衆にあてがい、その差額でもうける。これも、タックス・ヘイブンを通すと会計操作が見えなくなるというか、変えられるのです。ちょうど、マネー・ロンダリングの逆のパターンです。公的なお金をタックス・ヘイブンを通すことによって私的なお金に変えているのです。

前出のタックス・ジャスティス・ネットワークは、途上国に先進国の弁護士、会計事務所、銀行、タックス・ヘイブンなどのネットワークが乗り込み、現地政府を巻き込んで、途上国の資金を先進国の銀行に送っていると指摘しています（Christensen, 2007）。

アサド政権の幹部がタックス・ヘイブンを利用して莫大な富を横領

途上国の政界や財界にいる中心人物が、タックス・ヘイブンを利用して不正蓄財をしていた例を見てみましょう。パナマ文書にラミ・マフルーフという人物の名前が出てきました。いまや内戦で荒廃しているシリアのアサド大統領の従兄弟《いとこ》で、シリア財界を牛耳る実業家です。

マフルーフはアサド政権の後押しで携帯電話会社シリアテルを設立し、内戦が始まる二〇一一年以前にはシリア国内の通信事業をほぼ独占していました。その他にも金融、観光などシリア経済の大半は彼の影響下にあり、独裁政権の支持をバックに汚職や収賄などもいとわず莫大な額の不正蓄財をしているのではないかと疑われています。そのことは、日本も含め、アメリカやEUからも経済制裁の対象として名指しされている人物であることからもわかります。

しかも、彼の弟はシリアの情報機関の幹部でした。電話会社と情報機関が親密であるということは、携帯電話の利用者にとってはたいへん恐ろしいことです。彼は、アサド政権の金庫番も務めていたとも考えられています。

二〇一一年に起きたシリアにおける「アラブの春」（二〇一〇年から始まった中東諸国での民主化運動）では、アサド政権に抗議する反体制派のデモ隊がマフルーフのシリアテル社ビルに放火しました。同社が標的になったのは、格差と貧困にあえぐシリアの民衆にとって、同社がシリア政界と財界の癒着の象徴だったからです。

その後、マフルーフは事業の第一線から引退することを表明して姿を消しました。パナマ文書にそのマフルーフの名前が出てきたということは、同氏が不正蓄財した巨額の資金（五〇億ドルとも）をタックス・ヘイブンに隠して運用していたことの証拠になります。

マフルーフの率いていた企業グループは、いわゆる国営企業ではないにしても、シリア政府のバックアップを受けて展開していた国策企業であることはまちがいありません。そうした企業がシリア国内のビジネスで稼いだお金を、シリアに税という形で還元せずにタックス・ヘイブンに隠していたのです。おそらくは政権の秘密資金にもなっていたことでしょう。マフルーフは莫大な資産ごと、血で血を洗う戦場となってしまった祖国から行方をくらましてしまったわけです。

この件に、先進国がどの程度関わったかははっきりしないのですが、タックス・ジャスティス・ネットワークの指摘を踏まえると、関与の可能性を完全に否定することは困難でしょう。

貧しい途上国から豊かな先進国へお金が逆流している!

タックス・ヘイブンを使って、援助金を途中でピンはねして先進国の銀行に秘匿する。その結果、本当に困っている人たちや援助の必要な人たちのところに届くべき額のお金が届かない。政界や財界の中心に居座るものが、タックス・ヘイブンを利用して巨額のお金を不正に蓄財する。しかもそのような行為に、先進国の弁護士、会計事務所、銀行が関与している。そして、その額たるや、あの貧しいアフリカから豊かな先進国へ毎年一四八〇億ドル(一六兆二八〇〇億円)、途上国全体から先進国へは毎年五〇〇〇億ドル(五五兆円)が逆流しているのです。

世界のODA、つまり先進国から途上国に流れている公的なお金の合計が、毎年一六兆五〇〇〇億円程度であることを考えると、途上国からの流出額がいかに大きいかがわかります。そもそも、タックス・ヘイブンによって「穴の開けられたバケツ(途上国の国家会計)」の「穴を塞ぐ」ことなしに、どれだけ水（ODA）を注いでも、それはタックス・ヘイブンや先進国の銀行に漏れていくばかりで、意味がありません。というか、私たちの税金が望ましくないものに使われていることになるのです。

このように、タックス・ヘイブンの問題は、日本人にとっても不利益なばかりか、グローバルに見れば、特に途上国の国民にたいへんな被害を与えていることがわかります。しかも、そこには先進国のエリートが関わっており、まったく他人事ではないのです。

タックス・ヘイブンの情報秘匿と国連・OECDとの攻防

国際社会もタックス・ヘイブンをめぐる問題に手をこまねいていたわけではありません。いまだ解決には至らないけれども、タックス・ヘイブンが問題だということがわかって以来、さまざまな手を打ってきました。とりわけ国際社会がもっと情報を開示しろと圧力をかけ、それに対してタックス・ヘイブンが抵抗してきた歴史があります。最近では、パナマ文書を調査するためにパナマ政府が設立したパナマ文書調査委員会のメンバーであったジョゼフ・スティグリッツが、肝心のパナマ政府が非協力的であるという理由で辞任した例があります。

タックス・ヘイブンに対する規制の動きは一九二〇年までさかのぼります。

この年、ブリュッセルで開催された国際金融会議は、みずからの住居や本社がある国とは異なった国において経済活動を行う個人や企業に二重課税を課すように、国際連盟に対して求めています。一九二二年のジェノアでの国際経済会議では、国際連盟の任務を、課税を逃れようとする資本流出の問題まで拡大するように要求しています。でも、これらの要求はスイス、オランダ、ドイツなどの反対により日の目を見ることはありませんでした。

その後、一九六〇年代になって、国連と経済協力開発機構（ＯＥＣＤ）租税委員会がタックス・ヘイブン規制に手を付けたのですが、あまり効果がなく、次に国際社会がこれに取り組むようになるのに一九九八年まで間があきました。その主な政策がいまも行われているブラックリスト政策です。

これはＯＥＣＤ租税委員会によって開始されて、続いて金融安定化フォーラム（現在の金融安定化理事会）、金融活動作業部会（ＦＡＴＦ：Financial Action Task Force）、これらがタックス・ヘイブンのブラックリスト作成を始めました。

タックス・ヘイブンをどうにかしなければならないということは、二〇年代から意識されていたけれども、結局具体的な対策が出てきたのは七八年後、それが一九九八年からのブラックリスト政策なのです。

タックス・ヘイブン規制に取り組んでいるのはOECDだけではなくて、国連には租税問題に関わる国際協力に関する専門家委員会（国連租税委員会）があります。ここも設立された二〇〇五年から年一回のペースで会合を開いているのですが、タックス・ヘイブン対策については現在のところあまり力を持っていません。

ブラックリストというのは、「ネーム・アンド・シェイム（名指しして辱《はずかし》めてやめさせる）」を目的としています。国際機関から、「あなたのところのやり方は税逃れ競争を煽《あお》ったり、マネー・ロンダリングの温床になったりしている。えげつないからやめなさい」、と名指しで言われれば自国の信用にも関わりますから、多少は改善していくだろうという目算でした。

ブラックリストの第一弾は、一九九九年末に四七の国や地域（英領ヴァージン諸島、モナコ、パナマなど）をタックス・ヘイブンとしてリストアップしました。第二弾は、二〇〇〇年五月の金融安定化フォーラムで四二の国・地域（ケイマン、リヒテンシュタイン、バヌアツなど）。それから二〇〇〇年六月にはFATFが一五の国・地域（バハマ、ドミニカ、イスラエルなど）を名指しするブラックリストを出しました。

ところが、二〇〇一年にブッシュがアメリカ大統領になって、この動きに圧力をかけたのです。

タックス・ヘイブン規制は圧力と抵抗の歴史

アメリカでブッシュ政権が誕生し、長らくアメリカの銀行に対するマネー・ロンダリング規制に反対してきたローレンス・リンゼー（元米連邦準備理事会〈FRB〉理事）がブッシュ大統領の経済担当補佐官に就任しました。また、財務長官に任命されたポール・オニールは、OECDのやり方を支持しないと言明しました。

こうした状況の中で二〇〇二年四月にOECDが新たなブラックリストを公表しましたが、なんと七カ所に減っていました。タックス・ヘイブンに関係する国・地域はアンドラ、リヒテンシュタイン、リベリア、モナコ、マーシャル諸島、ナウル、バヌアツ。この七カ所に減らされたのです。

さらにその後、二〇〇九年の時点ではナウルとバヌアツが外れて五カ所になっていました。一九九九年末では四七の国や地域だったのに、たった一〇年で五カ所に減ったのです。

減ったのはブラックリスト政策が功を奏したからでしょうか。そんなことはありません。いまでもタックス・ヘイブンとして有名なアイルランドも、オランダも、パナマも、英領ヴァージン諸島も、バミューダも、その他の国々や地域も入っていないではありませんか。そこには、米ブッシュ政権の圧力があったのです。

タックス・ヘイブン規制の歴史は、圧力と抵抗の歴史です。金融安定化フォーラムの仕事は国際通貨基金（ＩＭＦ）に統合され、ＩＭＦは四一の地域を検証して、これらのタックス・ヘイブンは大きな改革をなしとげていると結論付けました。金融安定化フォーラムは、「二〇〇〇年のリストはもうその目的を達成したのだから、もはや存在理由はない」として、問題をなかったことにしました。

ＦＡＴＦは、ブラックリスト政策を続けましたが、「活動部会の効果的な活動のせいで、二〇〇五年一〇月以降、いわゆる汚れたお金が流出している国はもうミャンマーとナイジェリアの二つになった」と発表し、ブラックリストに載ったタックス・ヘイブンは全体的にどんどん減りました。

うまくいかなかったOECDのブラックリスト政策

結論を言うと「ネーム・アンド・シェイム」政策は、うまくいかなかったのです。

たとえば、この問題を長年調査・研究してきたフランスの経済ジャーナリスト、クリスチアン・シャヴァニューと、イギリスの国際政治学者、ロナン・パランは、ブラックリスト政策は、ロンドン、ニューヨーク、ルクセンブルクなどの国際金融システムの核心には触れずに、他の小国や地域を国際金融システムを守るためのいけにえにしたのみならず、結果として、タックス・ヘイブンを世界の表舞台に引き出し、政治的に正当化し、かつ尊敬に値するパートナーとして認定せしめることになった、と辛辣《しんらつ》な評価をしています（クリスチアン・シャヴァニュー、ロナン・パラン著『タックスヘイブン——グローバル経済を動かす闇のシステム』）。要するに、ブラッククリスト政策は失敗したのです。

ところで、このプロセスで、ブッシュ政権はなぜ圧力をかけたのでしょうか。結論から言うと、それだけアメリカの企業がタックス・ヘイブンに関わっていたからだと思われます。

アメリカの政治の特徴は、「回転ドア」といって、企業のトップが政権に入ったり、逆に政権のメンバーが企業のトップに迎えられることがよくあります。先ほど名前のあがった財務長官のポール・オニールは、以前はアメリカの多国籍のアルミニウム企業、アルコアの会長兼CEOでした。要するにアルコア社はタックス・ヘイブンに関わっていたのでしょう。政府高官が自分の関わっている企業がタックス・ヘイブンを使っている場合に、アメリカとしてタックス・ヘイブンをもっと叩《たた》けとは言いづらいというわけです。

二〇〇九年、オバマ大統領が規制強化を表明

このように、アメリカはタックス・ヘイブンの解明や規制に積極的ではありませんでした。ところが、二〇〇一年に起こった九・一一のテロ以降、少し潮目が変わってきました。九・一一のテロを起こしたアルカイダの資金はタックス・ヘイブンを通じてマネー・ロンダリングされていました。そのことがわかって、タックス・ヘイブン規制にアメリカが本気になったのです。その一つの動きとして、前述のFATFが立ち上がりました。

さらに、二〇〇九年に大統領に就任したバラク・オバマは、同年のG20金融サミットで、タックス・ヘイブン対策も含めて金融規制に前向きに取り組む姿勢を示しました。これに関して、当時のドイツの財務大臣ペール・シュタインブリュックがオバマを評して、称賛しかできないと絶賛したことがありました。

実際にオバマ政権は、二〇一〇年に外国口座税務コンプライアンス法（FATCA：Foreign Account Tax Compliance Act）を成立させ、二〇一三年に運用を開始しました。FATCAとは、「米国市民による外国金融機関の口座を利用した脱税を防止する」目的のもと、アメリカの税務当局である内国歳入庁（IRS：Internal Revenue Service）が、諸外国の金融機関と契約にも

とづき自国民の持つ外国口座の情報を提供させることを規定する国内法のことです。これにより、アメリカの税務当局は「公法は水際まで」という限界を突破し、たとえ他国であろうと、自国民の銀行口座情報を提供させる術《すべ》を手にしたのです。

このことは、タックス・ヘイブンも含め、IRSの要求があれば、アメリカ人の口座情報を必ず公開しなければならないことを意味します。タックス・ヘイブン対策の一丁目一番地は情報公開ですので、これは大きな進展です。実際、FATCAは国際社会全体としてタックス・ヘイブンに効果的に取り組むことのできる契機となる画期的な政策です。このことについては、次章で詳しく述べたいと思います。

グローバル化が遅れている政治と税制

これまでタックス・ヘイブンの実態と問題、国際社会の取り組みを見てきましたが、確かに言えることは、国単位では十分な対策はできないということです。規制の枠を広げても、富裕層や大企業はさらなる抜け穴を目ざとく探すだけでしょう。

ここに、一六四八年以降、今日まで国際社会を成立させてきたウェストファリア体制の限界が明らかになっています。各国は主権を持ち、それぞれが自国を統治して、他国はそれに干渉しないことで国際社会を緩く成り立たせるという国際秩序の限界が来ているのです。だからいまこそ、ウェストファリア体制から新しい時代への準備を始めなければなりません。

とりわけ、これだけヒト、カネ、モノ、情報がグローバル化して、次々に国境を越えていく時代に、グローバル化していないのは、政治と税金です。

タックス・ヘイブンやマネーゲーム経済をめぐる問題は、現在の主権国家体制や各国による地球規模課題の取り組みがすでに限界に達しているので、ポスト主権国家体制とも呼べる地球社会の時代にふさわしい新たな地球レベルの政策を構想し立ち上げなければならない、という警鐘なのではないでしょうか。

第三章　グローバル・タックスの可能性

絶望を希望に変えるグローバル・タックス構想

ここまで読まれた読者の中には、絶望的になって「もうなにをやってもあかんやないか」と感じられた方もおられるかもしれません。途上国はもとより、日本も含め世界的に拡大する格差や貧困、気候変動に代表される地球環境の危機的な状況、未知の感染症の頻発、これらの問題と密接に関係するタックス・ヘイブンやマネーゲーム経済に対してなんら効果的な手を打てない国際社会。しかも、国際社会で力を持っているのは、タックス・ヘイブンを利用したり、マネーゲームでもうけている一％の金持ち、大企業、強者です。どこから見ても確かに絶望的です。

そんな絶望的な状況を希望に変える対策などあるのでしょうか。実はあるのです。それが、グローバル・タックスなのです。国境を越えたグローバルな問題に対するグローバルな処方箋《しょほうせん》です。

逆に言うと、地球社会はこれだけグローバル化が進んでいるのに、いまだにグローバルな税制がないから、問題が起こり、また解決できないのです。このことは、第一章の「もし日本に税金がなかったら？」（四八頁）の部分をもう一度読んでいただければおわかりかと思います。

現在の地球社会には地球レベルでの税制がありません。いうなれば、税制のない国家のようなものです。だから、一％の金持ちはどこまでも金持ちになり、貧しい人々は命を落とすまで貧しくなるのです。現にたった六二人が世界の下位三六億人分に相当する富を所有する一方で、六秒に一人のペースで子どもが飢餓や栄養失調で死んでいます。

また、グローバルな税制がないということは、税収も入りません。だから、格差・貧困、地球環境問題、感染症、紛争の解決などに充てる資金もないのです。

このままでは、いつまで経っても、地球規模課題の根本的な解決はありません。いまもっとも必要なのは、グローバル・タックスを実現させることなのです。

では、あらためてグローバル・タックスとはなんでしょうか。大きく捉《とら》えれば、「グローバル化した地球社会を一つの〝国〟と見なして、地球規模で税制を敷くこと」です。具体的には、

（一）世界で課税に関する情報を共有する
（二）国境を越えた革新的な課税を実施する
（三）課税・徴税・分配のための新たなガヴァナンスを創造する

という三つの柱からなります。

「そんな考えは、理想論。しょせん机上の空論にすぎない」と思われる人もいるかもしれません。しかし、実際には、すでにいくつかの試みが始まっているのです。

本章では、このグローバル・タックスについて、まずは、それが生まれた経緯を簡単に見た上で、詳しい中身を検討し、その効果や課税、徴税、税収の使用のための仕組みまで吟味して、グローバル・タックスが持つ大きな可能性を考察したいと思います。

グローバル・タックス構想の始まりは一九世紀後半から

グローバル・タックスの起源は、実に一九世紀後半までさかのぼることができます。エディンバラ大学の国際法学者ジェームズ・ロリマー教授が、その著作の中で「国際政府」の財源のための「国際的な課税」の可能性について言及していたのです。「国際政府」の創設や軍縮の必要性を提唱し、その財源調達の方法として、各国政府の「国際議会」への議員の定数に応じて、各国民に「課税」するというアイデアでした。

一八六五年に世界ではじめて設立された国際機関である万国電信連合（ITU）、ならびに一八七四年に創設された万国郵便連合（UTU）の国際機関の財源を確保する方法として、加盟各国に提供した便益に応じて「課税」する方式で加盟料を徴収するという構想も示されていました（上村雄彦編著『世界の富を再分配する30の方法』）。

その後も、さまざまな場所で、さまざまな構想が提示されてきましたが、具体的な進展まではおよそ一五〇年の時を要しました。その第一歩が、二〇〇〇年に国連が制定したミレニアム開発目標（ＭＤＧｓ：Millennium Development Goals）です。二〇一五年までという期限を設け、「貧困を半減する」「すべての子どもたちが初等教育を終えることができるようにする」など、八つのゴールを設定しました（九〇頁、図３参照）。ＭＤＧｓを達成するためには、巨額のお金が必要となります。到底ＯＤＡだけではまかないきれないので、新たな財源を創り出さないといけないという議論が始まりました。

それをさらに深めたのが二〇〇二年にメキシコのモンテレイで開催された国際開発資金会議で、「ミレニアム開発目標達成のためには、ＯＤＡだけでは不十分である」という認識のもと、革新的な資金メカニズムの必要性が議論されました。

グローバル・タックスを含む革新的な資金で世界をリードしたのはフランスでした。これまでの議論を下敷きに、二〇〇三年、ジャック・シラク大統領（当時）はランドー委員会（国際資金の新しい貢献に関する作業グループ）を立ち上げ、そこで具体案が検討されました。

図3　ミレニアム開発目標（MDGs）

目標1　極度の貧困と飢餓の根絶	・1日1.25ドル未満で生活する人口の割合を半減させる ・飢餓に苦しむ人口の割合を半減させる
目標2　初等教育の完全普及の達成	・すべての子どもが男女の区別なく初等教育の全課程を修了できるようにする
目標3　ジェンダー平等推進と女性の地位向上	・すべての教育レベルにおける男女格差を解消する
目標4　乳幼児死亡率の削減	・5歳未満児の死亡率を3分の1に削減する
目標5　妊産婦の健康の改善	・妊産婦の死亡率を4分の1に削減する
目標6　HIV／AIDS、マラリア、その他の疾病の蔓延の防止	・HIV/AIDSの蔓延を阻止し、その後減少させる
目標7　環境の持続可能性確保	・安全な飲料水と衛生施設を利用できない人口の割合を半減させる
目標8　開発のためのグローバルなパートナーシップの推進	・民間部門と協力し、情報・通信分野の新技術による利益が得られるようにする

ランドー委員会の委員長には当時会計検査院院長であったジャン・ピエール・ランドーが就任し、政府関係者、国際通貨基金（IMF）、財界、大学、NGO出身の一五人の委員で構成されました。そして二〇〇四年八月に「ランドー・レポート」が提出され、次のような国際課税方式による資金メカニズムが提示されました。

- 航空券連帯税
- 金融取引税
- 環境税（炭素税、航空・海上輸送税）
- 多国籍企業への課税
- 武器取引税
- その他

これは、もはや「公法は水際まで」という原則を超えて、グローバルに課税することを考えていかないと、もう地球社会はもたないという認識に立っての動きであり、提言でした。

この経緯を踏まえ二〇〇六年、フランス政府の呼びかけにより「革新的開発資金に関するリーディング・グループ」が結成され、まず、フランスをはじめ一四カ国で航空券連帯税（Air-Ticket Solidarity Levi）が導入されることになりました。これは、航空券の購入に際して少額の税を支払い、税収は新たに創られた国際機関である国際医薬品購入ファシリティ（UNITAID）を通じて、三大感染症（HIV／AIDS、結核、マラリア）の治療に投入される仕組みです。これは机上の空論ではなく、現実に一四カ国の参加により実施されています。

現実に実施されているグローバル・タックスは他にもあります。グローバル・タックスとは意図的に呼ばれていませんが、クリーン開発メカニズム（CDM：Clean Development Mechanism）税があります。

CDMとは、先進国と途上国が共同で温室効果ガス削減プロジェクトを途上国において実施し、そこで生じた削減分の一部を先進国が削減相当量＝クレジットとして得て、自国の削減に充当できる事業のことです。たとえば、先進国（の企業）が途上国の老朽化した火力発電所を、最新型のものに改修することによって、二酸化炭素が削減できます。その際、その事業から発生する削減相当量をお金に換算し、先進国（の企業）の収入となるのがCDMの基本的な仕組みです。

その収入に対してごく低率の税をかけ、途上国における気候変動の適応対策（たとえば温暖化による高波や洪水を防ぐために防波堤を作るなど）を支援するための国際機関である適応基金（Adaptation Fund）の財源とします。

この「ＣＤＭ税」は、国境を越えたグローバルな活動に対して国際機関が実質的に課税し、地球温暖化対策の財源とするという観点から、グローバル・タックスの一つと見なすことが可能です。

その後もさまざまなグローバル・タックスが議論され、実現に向けての検討がなされています。

グローバル・タックスを支える三つの柱

ここで、グローバル・タックスとはなにかということについて、さらに詳しく掘り下げていきましょう。先ほど、グローバル・タックスとは、大きく捉えれば、「グローバル化した地球社会を一つの〝国〟と見なして、地球規模で税制を敷くこと」だと述べましたが、具体的には以下の三つの柱からなります。

（一）世界で課税に関する情報を共有する

これは、ずばり新たなタックス・ヘイブン対策です。先に見たとおり、タックス・ジャスティス・ネットワークによると、タックス・ヘイブンに秘匿されている個人資産は二三一〇兆〜三五二〇兆円と見積もられています。巨額かつ不透明な資金の流れを透明にして、世界の税務当局が課税のための情報を共有し、租税回避を防ぐ具体的な方法として、新たな展開が始まっています。

㈡ 国境を越えた革新的な課税を実施する

二つ目の柱は、実際に革新的な税をかけることです。この観点から捉えると、グローバル・タックスは「グローバルな資産や国境を越える活動に税金をかけ、悪い活動を抑制しながら、税収を地球規模課題の解決に充てる税制」といえます。「ランドー・レポート」にもあるように、グローバル・タックスには、地球炭素税、金融取引税、武器取引税など、さまざまな構想があります。

たとえば、地球炭素税は、地球温暖化の原因である二酸化炭素の排出に税金をかける仕組みです。二酸化炭素を出せば出すほど税金がかかるので、そうならないよう二酸化炭素を削減しようという行動に結び付くとともに、税収は温暖化対策に使うことができる一石二鳥の効果があります。

金融取引税は、株式、債券、通貨、デリバティブなど金融商品の取引をすればするほど税金がかかる仕組みです。現在、一秒間に一〇〇〇回以上の取引をコンピューターにさせる高頻度取引がマネーゲームの中心に位置し、投機的で、市場を不安定にしていることが問題になっています。金融取引税を実施すれば、取引をすればするほど費用がかかるので、そのような取引は抑制されます。そして、税収は格差や貧困問題に充てることができるのです。

これらの構想については、次章でさらに詳しく掘り下げていきます。

(三) 課税・徴税・分配のための新たなガヴァナンスを創造する

最後の柱は、課税、徴税、税収の分配のためのガヴァナンスです。ガヴァナンスというのはいろいろな意味で使われますが、ここでは、「多様なアクター(関係者)による課題設定、規範形成、政策形成・決定・実施を含めた共治」のこと、もう少し平たく言うと、「さまざまなステークホルダー(利害関係者や団体)が主体的に関与して、意思決定や合意形成を行うシステム」のことを指します。

その観点から現在の地球社会を見てみると、少数の強者や富める者一%によって運営され、大多数の弱者や貧しい人々の意見はあまり反映されない仕組みであることがわかります。このような地球社会が、グローバル・タックスの導入によって、もっと民主的な運営に変わる方策や可能性が議論の中心となります。

以降、(一)〜(三)の三つの柱について、一つひとつ丁寧に見ていきましょう。

最新のタックス・ヘイブン対策その一――自動情報交換

まず、世界で課税に関する情報を共有する議論と政策です。これは、ずばり新たなタックス・ヘイブン対策です。前章では、タックス・ヘイブン対策の新たな政策として、二〇一三年にアメリカで運用が始まったＦＡＴＣＡを紹介しました。おさらいになりますが、ＦＡＴＣＡは、「米国市民による外国金融機関の口座を利用した脱税を防止する」目的のもと、アメリカの税務当局である内国歳入庁（ＩＲＳ）が、諸外国の金融機関と契約にもとづき自国民の持つ外国口座の情報を提供させることを規定する国内法のことでした。これにより、アメリカの税務当局は「公法は水際まで」という限界を突破し、たとえ他国であろうと、自国民の銀行口座情報を提供させる術を手にしたことはすでに述べたとおりです。

実は、いまこのＦＡＴＣＡが世界に広がろうとしています。これが、最新のタックス・ヘイブンに対する国際社会の取り組みの一つである自動情報交換です。各国の税務当局が、タックス・ヘイブンを含め各国にある自国民の金融口座情報を自動的に交換できるシステムを構築することで、地球規模で情報を共有し、租税回避を防ぐことをめざしています。FATCAはアメリカ人のみを対象としていますが、これをすべての国に拡大しようとする動きです。

FATCAを世界に拡大するために、現在OECDと「税の透明性と情報交換に関するグローバル・フォーラム」が中心となって、その実現に向けて動いています。二〇一四年、OECDは税務当局間の「共通報告基準（Common Reporting Standard）」を発表し、これにもとづく自動情報交換のための当局間の合意文書への署名が始まりました。その結果、合計九四の国・地域がこの多国間枠組みへ参加することとなり、二〇一七年九月までに五六の国・地域、さらに二〇一八年九月までに残りの三八の国・地域が最初の自動情報交換を開始することになっています。日本でも「非居住者に係る金融口座情報の自動的交換のための報告制度」が創設され、二〇一八年から実施される予定です。

財務省で国際課税を専門とし、OECD租税委員会のメンバーでもあった志賀櫻は、この自動情報交換のポイントは、「各国の権限ある当局間の協定であり、外交当局を通さずに直接情報交換が出来ることにある」（民間税制調査会第七回シンポジウム資料集、二〇一五年）と論じ、その意義を強調しています。

ただし、問題がないわけではありません。というのも、同じく志賀が指摘するように、この多国間枠組みにはいわゆるタックス・ヘイブンの国・地域が複数参加していますが、彼らがいくら自動情報交換に応じると約束しても、肝心の当局に情報を収集する意欲と能力がなければ、枠組みをいくら整備したところで実効性を伴わないからです。そのため、自動情報交換に協力しない国や地域を「ネーム・アンド・シェイムする」、新たなブラックリスト作りが始まっています。

こうした課題については、二〇一七〜一八年から始まる実際の運用を経て対処していかなければならないでしょう。しかし、具体的な多国間枠組みがすでに構築され、実行に移されようとしている点で、「漏れを塞ぐ」ための実質的な取り組みは、自動情報交換の実施を中心に今後ますます加速していくことが期待されます。

最新のタックス・ヘイブン対策その二——BEPSプロジェクト

世界で課税に関する情報を共有する議論と政策の二つ目は、「税源浸食と利益移転（BEPS：Base Erosion and Profit Shifting）プロジェクト」です。これは、ここまで説明したような多国籍企業が国際的な税制の隙間《すきま》や抜け穴を利用した租税回避によって、税負担を軽減している問題「税源浸食と利益移転」に対処するために立ち上げられたプロジェクトです。

二〇一二年六月に、OECD租税委員会（議長：浅川雅嗣《あさかわまさつぐ》財務官）が立ち上げ、二〇一三年七月に行動計画を発表。二〇一五年一〇月には最終報告書を公表、翌月、G20サミットで報告されています。

BEPSは大きく三つの議論と政策からなります。

① 多国籍企業の活動の実態に即した課税を行うルールを策定すること
② 多国籍企業の活動・納税実態の把握のための各国間の情報共有の枠組みを構築すること
③ 租税に関わる紛争について、より明確で効果的な紛争解決の手続きを構築すること

一五の具体的な行動を掲げるBEPSですが、その中でも一三番目の「多国籍企業情報の報告制度─移転価格税制に係る文書化」は重要です（一〇〇頁、図4参照）。これは、それぞれの国で経済活動している多国籍企業の財務状況を各国ごとにきちんと報告させ、各国の税務当局が情報をつかんで共有することを意味します。そうすれば、企業の利益をトータルに把握・合算

図4　OECD租税委員会BEPS行動計画

行動1	電子商取引課税
行動2	ハイブリッド・ミスマッチ取り決めの効果否認
行動3	外国子会社合算税制の強化
行動4	利子等の損金算入を通じた税源浸食の制限
行動5	有害税制への対抗
行動6	租税条約濫用の防止
行動7	恒久的施設（PE）認定の人為的回避の防止
行動8	移転価格税制（①無形資産）
行動9	移転価格税制（②リスクと資本）
行動10	移転価格税制（③他の租税回避の可能性が高い取引）
行動11	BEPSの規模や経済的効果の指標を政府からOECDに集約し、分析する方法を策定する
行動12	タックス・プランニングの報告義務
行動13	多国籍企業情報の報告制度―移転価格税制に係る文書化
行動14	相互協議の効果的実施
行動15	多国間協定の開発

出典：浅川 2013をもとに一部修正

できるので、各企業にどれぐらいの利益があったのかがわかり、それに見合った税をかけることが可能となります。

自動情報交換、ＢＥＰＳを通じて、各国の税務当局が納税者の金融取引などの情報を交換することで、世界の課税情報を共有し、必要な規制や税をかける。さらには、タックス・ヘイブンを通じたマネーゲームに金融取引税をかけることにより、タックス・ヘイブンを使う旨《うま》みを減らす。そのことで、徐々にタックス・ヘイブンの利用価値を下げ、究極的にはなくしていこうとするのが、グローバル・タックスの第一の柱です。

世界政府によるグローバル・タックスは当面無理だけれど

二つ目の柱は、国境を越えた革新的な課税を実施するというものでした。あらためてこの具体的な課税の観点からグローバル・タックスを定義すると、「グローバルな資産や国境を越える活動に税金をかけ、悪い活動を抑制しながら、税収を地球規模課題の解決に充てる税制」となります。

「国境を越えた課税」などというと、読者の多くは、「いったい誰がどうやって税をかけるんだ」と思われるかもしれません。グローバル・タックスは、大きく言って、次の二つの「極」

の間に位置付けられます。

一つは、「全面的」グローバル・タックス。これは、①グローバルに課税、②グローバルに徴税、③グローバルな活動の負の影響を抑制、④グローバルに再分配、⑤税収を地球規模課題解決に充当、というすべての項目を満たす「極」です。

これは、地球社会に「世界政府」が存在し、世界政府が一元的に課税、徴税、分配を行っているイメージです。グローバル税制の話をすると必ずここで、「そんなことはとても無理だ」となるのですが、それについては後述します。

もう一つの極は、①各国ごとに課税、②各国ごとに徴税、③各国ごとに納税、④税収の一部またはすべてを超国家機関に上納、⑤税収を地球規模課題に充当する、場合であり、これを「部分的」グローバル・タックスと呼ぶことができます。そして、このうち、少なくとも④、⑤を満たす限り、グローバル・タックスと見なしてもよいでしょう。

現在の国際秩序は、主権国家を単位としたウェストファリア体制のもとにありますし、政治や法律はグローバル化されていませんので、いきなり世界政府ができて、一元的に徴税して分配するということはありません。したがって、今後構想・実施されるグローバル・タックスは、当面「部分的」グローバル・タックスの極に近いものとなることを頭に入れておいてください。

他方、政治や法律は国ごとに違っていても、ヒト・モノ・カネはすでにグローバル化しています。ヒト・モノ・カネの移動によって起きる問題も、当然グローバルな問題です。タックス・ヘイブンも、金融恐慌も、貧富の格差も、環境問題も、感染症拡大の不安も、もはや一国では手に負えない、まさしくグローバルな規模の問題です。グローバル・タックスは、こうしたグローバル化によって生じたニーズに応えようとして構想されたものです。世界政府のような政治のグローバル化は、グローバル・タックスという税のグローバル化なくしては実現し得ないものなのですが、この点については後ほど触れることにしましょう。

グローバル・タックスの五つの課税原則

さて、具体的に税をかけるとなると、誰が、なんのために、どのような原則で課税されるべきかをはっきりさせないといけません。さもなければ、「どうしてうちの業界だけが課税対象となるんだ」とか「税収はなんのために使うんだ」という議論で紛糾します。

日本においてグローバル・タックスの実現をめざす「グローバル連帯税推進協議会」(第二次寺島委員会。座長:寺島実郎多摩大学学長・日本総合研究所会長)は、課税の目的を、「グローバル化の負のコストを負担すること」とし、以下の課税原則を明示しています。

図5　課税対象と税の種類

課税対象	税
金融	金融取引税、グローバル通貨取引税、タックス・ヘイブン利用税
国際交通	航空券連帯税、航空燃料税、国際バンカー油課税
多国籍企業	多国籍企業税
情報通信	グローバル電子商取引連帯税
軍需産業	武器取引税、武器売上税
エネルギー産業	地球炭素税、天然資源税、プルトニウム生産税
富裕層	グローバル累進資産課税
その他	「CDM税」

出典：グローバル連帯税推進協議会最終報告書 2015

①　負荷者負担原則（DPP：Degrader Pays Principle）
グローバルに負の影響を与えているセクターや組織が課税されます。たとえば、世界金融危機を引き起こした金融セクター、温暖化や感染症の拡散に関わる国際交通セクター、環境破壊などのコストを外部化している多国籍企業、租税回避を促進するタックス・ヘイブン、軍事、エネルギー産業などが挙げられます。

②　受益者負担原則（BPP：Beneficiary Pays Principle）
グローバル化の恩恵を受けているセクターや組織が課税されます。これには、金融、国際交通、多国籍企業、情報通信、エネルギーセクターなどが含まれます。

③　担税力原則（APP：Ability to Pay Principle）　税を支払う能力が高い人、組織、セクターが課税されます。このカテゴリーには、金融、多国籍企業、情報通信、富裕層などが入ります。

④　消費税負担原則（VIP：VAT Inclusion Principle）　消費税を負担していないセクターや組織が課税されます。これには、金融、国際交通、情報通信などが含まれます。

⑤　広薄負担原則（WTP：Wide & Thin Principle）　グローバル化の恩恵は世界の多くの人々が受けていますが、同時に彼らは地球社会に負の影響も与えていると見なすことが可能です。よって上記四つのセクターだけではなくて、主としてこれらのセクターの利用者も、手数料や利用料等を通じて、負担を広く薄く分担すべきであるというのがこの原則の考え方です。

以上の原則を踏まえると、グローバル・タックスの課税対象と種類は図5のとおり整理できます。

グローバル・タックスはいくら資金創出をすることができるのか？

グローバル・タックスには、三つのメリットがあります。それは、①課税を通じて、悪い活動を抑えること、②税収という資金を創り出すこと、そして、③一％のガヴァナンスを九九％のガヴァナンスに変革することです。ここでは、まず②の資金の創出を見てみましょう。

図6　持続可能な開発目標（SDGs）

目標1	あらゆる場所のあらゆる形態の貧困を終わらせる
目標2	飢餓を終わらせ、食料安全保障および栄養改善を実現し、持続可能な農業を促進する
目標3	あらゆる年齢のすべての人々の健康的な生活を確保し、福祉を促進する
目標4	すべての人々への包括的かつ公平な質の高い教育を提供し、生涯学習の機会を促進する
目標5	ジェンダー平等を達成し、すべての女性および女子の能力強化を行う
目標6	すべての人々の水と衛生の利用可能性と持続可能な管理を確保する
目標7	すべての人々の、利用可能でかつ信頼できる持続可能で近代的エネルギーへのアクセスを確保する
目標8	持続的、包摂的で持続可能な経済成長、およびすべての人々の生産的な雇用と働きがいのある仕事を促進する
目標9	強靭なインフラの構築、包摂的かつ持続可能な工業化の促進、およびイノベーションの育成を図る
目標10	国内と国家間の不平等を削減する
目標11	包摂的で安全かつ強靭で持続可能な都市および人間居住を構築する
目標12	持続可能な消費と生産パターンを確保する
目標13	気候変動およびその影響への緊急の対処を講じる
目標14	持続可能な開発のための、海洋と海洋資源を保全し、持続的に使用する
目標15	生態系の保護、回復、持続可能な使用の推進、森林管理、砂漠化への対処、ならびに土地の劣化の停止と回復、および生物多様性の損失の阻止を促進する
目標16	持続可能な開発のための平和で包摂的な社会の促進、すべての人々への司法へのアクセス提供、および効果的で説明責任のある包摂的な機構の構築を図る
目標17	実施手段を強化し、持続可能な開発のためのグローバル・パートナーシップを活性化する

出典：グローバル連帯税推進協議会最終報告書 2015

図7　グローバル・タックスによる税収の試算

租税名	仮定	税収（年間）
外国為替取引税	税率0.1%、課税ベースの50%に課税	1100億ドル
ポートフォリオ投資税	税率平均25%、投資量が33%減少	1900億ドル
外国直接投資税	税率平均15%、平均8000億ドルに課税	1200億ドル
多国籍企業利潤税	トップ1000の多国籍企業の利潤に25%を課税	2000億ドル
富裕税	5兆ドルに1%の固定税	500億ドル
炭素排出税	炭素1トン当たり21ドルの課徴金	1250億ドル
プルトニウム・放射能生産税	1トン当たり2億4000万ドルの課徴金	150億ドル
航空税	チケットと積み荷に1%の課税 燃料1トン当たり3.65ドルの課税	20億ドル 740億ドル
ビット税	1000キロバイト当たり1セントの課税	700億ドル
合計		9560億ドル

出典：Landau Group Report 2004

「グローバル連帯税推進協議会最終報告書」（二〇一五年）の試算によれば、ミレニアム開発目標や持続可能な開発目標（SDGs：Sustainable Development Goals 一〇六頁、図6参照）に挙げられている地球規模課題を解決するために必要な資金は、少なくとも年間約一兆八一〇億ドル（一一八兆九一〇〇億円）と想定しています。果たしてグローバル・タックスでどの程度の資金をまかなうことができるのでしょうか。

たとえば、航空券連帯税を現実化させる源泉となったランドー委員会は、武器輸出に一〇％の課税で五〇億ドル、武器購入に一〇％の課税で二〇〇億ドル、多国籍企業所得税が年間一兆一六一九億ドルと試算し、ATTAC（Association pour la Taxation des Transactions Financières et pour l'Action Citoyenne：市民を支援するために金融取引への課税を求めるアソシエーション）というフランスのNGOの幹部で、ランドー委員会のメンバーでもあったジャック・コサールはランドー・レポートの中で、図7（一〇七頁参照）のような試算リストを作成しています。

また、二〇一〇年二月に、潘基文《パンギムン》国連事務総長が気候変動対策に必要な資金をいかに調達するかという課題を検討するために創設した気候資金に関するハイレベル諮問グループは、先進国が二酸化炭素一トン当たり二〇〜二五ドルの炭素税を課し、税収の一〇%を気候資金に拠出すれば年間三〇〇億ドル、国際航空や船舶に課税し、税収の二五〜五〇%を気候資金に回せば年間一〇〇億ドル、金融取引税の税収の二五〜五〇%を気候変動に充てるとすると、〇・〇〇一%の税率で二〇億ドル、〇・〇一%で二七〇億ドルの資金調達が可能となると論じています。

国連も、二〇一二年七月に『世界経済社会調査2012』を発表し、先進国が一トン当たり二五ドルの炭素税で年間二五〇〇億ドル、税率〇・〇〇五%の通貨取引税をドル、ユーロ、円、ポンド取引に課税することで年間四〇〇億ドル、現在実施に向けて検討されている欧州金融取引税が年間七一〇億ドルと試算しています。

さらに、オーストリア経済研究所のシュテファン・シュルマイスターは、仮に金融取引税をヨーロッパに加えて、主要な国々で実施した場合、〇・〇一%で二八六〇億ドル、〇・〇五%で六五五〇億ドルという巨額の税収が得られると試算しています。

また、これまで問題にしてきたタックス・ヘイブンと税収の関係ですが、タックス・ジャスティス・ネットワークが試算したタックス・ヘイブンに秘匿されている個人資産の総額は、先に紹介したとおり二一兆〜三二兆ドル（二三一〇兆〜三五二〇兆円）でした。もしこれに税金を課すことができたなら、その税収は年間一九〇〇億〜二八〇〇億ドル（二〇兆九〇〇〇億〜三〇兆八〇〇〇億円）となると報告されています。

同様に多国籍企業の租税回避に課税すれば、年間一〇〇〇億〜二四〇〇億ドル（一一兆〜二六兆四〇〇〇億円）の税収が得られますので、個人資産とあわせて年間三一兆九〇〇〇億〜五七兆二〇〇〇億円の税収が上がる可能性があります。

以上の税収について、重複を避けるため、同様の構想は試算の大きい方を選択した上で、これらをすべて合計すると、理論上は二兆六七七九億ドル（二九四兆五六九〇億円）の税収が得られることになるわけです。他方で、今後必要となる資金は年間一兆八一〇億ドル（一一八兆九一〇〇億円）でしたね？

つまり、もしこれらのグローバル・タックス構想が着実に現実化していけば、必要な資金の二倍以上の資金が供給されることになるのです。しかも、グローバル・タックスの税収は公的資金に近く、民間資金と異なり、直接的な利益を要求しないことから、すべての分野に柔軟に充当させることも可能なのです。

もちろん、上記の構想が一挙にすべて実現されるということはないのですが、段階的にせよ、領域国民国家を超えた、地球規模の課題を解決するための資金を充当させるために、グローバル・タックスが有効なのは明らかではないでしょうか？

グローバル・タックスのガヴァナンスをどうするか

グローバル・タックスの二つ目の柱である国境を越えた革新的な課税を実施することについては、さまざまな税がありますので、一つひとつ丁寧に掘り下げるために次章に回すことにし、ここからはグローバル・タックスの三つ目の柱である課税、徴税、税収の分配を適切に行うためのガヴァナンスを検討しましょう。ガヴァナンスという言葉は日本語にしづらい英語の一つですが、先にも述べたとおり、本書では「さまざまなステークホルダーが主体的に関与して、意思決定や合意形成を行うシステム」、別の言葉でいうと、「多様なアクターによる課題設定、規範形成、政策形成・決定・実施を含めた共治」としておきます。

グローバル・タックスの実施を考えるにあたって不可欠な議論は、それを実施する国と税収を管理・分配する超国家機関のガヴァナンスが、どんな関係であるべきか、というものです。

さらには、グローバル・タックスの導入が、現在の民主性も、透明性も、アカウンタビリティ（説明責任）も不十分な、いわゆる「一％のガヴァナンス」を変革する潜在性も議論の射程に入ります。

以下、すでに実施されているグローバル・タックスの一つである航空券連帯税をベースに、課税実施国のガヴァナンスを考察してみましょう。その後に、グローバル・タックスを財源とする国際機関が、これまでの国際機関とどう違うのかという点を中心に、国際医薬品購入ファシリティ（ＵＮＩＴＡＩＤ）と適応基金（Adaptation Fund）を見ていきましょう。さらに、現在はまだグローバル・タックスを財源とはしていませんが、その可能性があり、ユニークなガヴァナンスを持つ緑の気候基金（ＧＣＦ：Green Climate Fund）についても、検討したいと思います。

実施国のガヴァナンスはどうなっているのか

航空券連帯税は、実施国を飛び立つすべての国際線、ならびに一部の国では国内線の航空券にも実施国が税をかけます。その仕組みは、まず乗客が航空券購入時に航空会社に納税相当額を支払い、航空会社はそれを実施国に納税します。次に、基本的に税収は各国の国庫を通じて

UNITAIDに納められます（UNITAIDのガヴァナンスについては次節で検討します）。と言っても税収のすべてがUNITAIDに上納されるわけではなく、一部は実施国の判断で使うことができます。たとえば、フランスの場合は、税収の七〇％をUNITAIDに、三〇％をGAVIアライアンス（旧称：ワクチンと予防接種のための世界同盟〈GAVI〉）という別の国際機関に分配しています。韓国は、税収の半分をUNITAIDに分配し、残りの半分を韓国国際協力機構（KOICA）が実施するアフリカの支援プログラムに用いています。

また、フランスは、現在、航空券連帯税以外にも、独自に金融取引税を実施していますが、どちらの税についても、税収はいったんフランス開発庁（日本の国際協力銀行のようなもの）の連帯基金に納められます。使途については、外務省、財務省、フランス開発庁から構成される委員会で決められるのです。

他方、韓国の場合は、税収はKOICAに納められ、KOICAが使途を決定しています。以前は、航空券連帯税の税収に関して国会への報告義務はなかったのですが、二〇一二年八月に「韓国国際協力団法一部改正法律」が公布され施行されたことにより、外交通商部長官に対し、毎年定期会（常会に相当）前に、寄与金の管理、運営等に関する寄与金運用審議委員会の審議結果を国会に報告することが義務付けられました。

航空券連帯税は、感染症対策を中心とした国際協力を目的に、実施国を離陸する国際線のすべての乗客に課税することから、当該国だけのために、その国民だけに課税を行う純粋な国税とは趣を異にしています。したがって、税収の管理や分配については、可能な限り多様なステークホルダーを巻き込み、専門的な知見や現場の声などを反映させることで、税収が効果的に使われるようにする一方、使途を公正な視点でモニターできるガヴァナンスを構築することが望ましいのです。それにより、目的の達成とともに、納税者への説明責任を果たすことが初めて可能になるのです。

UNITAIDに見る超国家機関のガヴァナンス

航空券連帯税を主たる財源とするUNITAIDは、二〇〇六年九月に設立されました。その参加国と団体は、現在二九カ国にビル&メリンダ・ゲイツ財団とジョージア（グルジア）の連帯基金を加えて、三一に上ります。

UNITAIDの使命は、「多くの途上国が購入できない質の高い医薬品や診断薬の価格を低下させることを通じて、途上国の人々のHIV／AIDS、マラリア、結核の治療へのアクセスを高め、これらの医薬品が入手できるペースを加速するのに資すること」です。ここで重要になるのが、航空券連帯税という安定的かつ予測可能な資金源の存在です。このような資金を使うことで、医薬品や診断薬を長期間にわたって大量に購入することができ、堅実な需要を喚起しながら、これらの価格を低下させ、入手可能性と供給を増すことができるわけです。

ＵＮＩＴＡＩＤは理事会、諮問フォーラム、事務局、信託基金から構成されています。その中でもっとも重要な機関は理事会です。理事会は意思決定機関であり、諸目的を定め、活動計画を立て、パートナーシップを推進することに責任を負っています。理事会は、創設国（フランス、チリ、ブラジル、ノルウェー、イギリス）とスペインから各一名ずつの計六名、アフリカ連合、アジアから各一名ずつ、市民社会（ＮＧＯ、患者コミュニティ）から二名、財団から一名、世界保健機関（ＷＨＯ）から一名の合計一二名の理事で構成されています。

理事会の初代理事長はフランス元外務大臣で、国連事務総長特別アドバイザーのフィリップ・ドスト＝ブラジが二〇一六年六月まで一〇年間務め、現在はブラジルの元外務大臣セルソ・アモリンが理事長になっています。ＵＮＩＴＡＩＤは、理事会に入っていない国々、ＮＧＯ、企業、その他のステークホルダーの意見をすくい上げるために、二〇〇七年五月に諮問フォーラムを創設しています。ＵＮＩＴＡＩＤが航空券連帯税というグローバル・タックスに依存している以上、アカウンタビリティが強く要請されることから、透明性の確保、ならびに第三者評価は欠かせません。透明性の確保についてＵＮＩＴＡＩＤは、理事会の議事録や財政状況などをホームページで公開し、その確保に努めています。

第三者評価については、評価に関して理事会に報告を行う独立運営委員会（ＩＳＣ）を創設し、ＩＳＣはＩＴＡＤというイギリスの国際開発コンサルタント会社に過去五年間の評価を依頼しています。ＩＴＡＤは、総合評価の成果を二〇一二年一〇月に刊行し、ＵＮＩＴＡＩＤについて前向きな評価を下しています。この評価だけで十分かどうか、諮問フォーラムが三回だけしか開催されていないことなど問題点もあるのですが、もっとも重要な理事会の中に直接ＮＧＯのメンバーが入っている点は、意思決定の中核部分で市民社会や草の根の現場の想いを保証する仕組みと見なすことができ、評価できます。

この点について、革新的開発資金に関するリーディング・グループの「開発のための国際金融取引に関するタスクフォース」専門家委員会も、「透明性とアカウンタビリティを核とする原則を謳《うた》った憲章とともに、ＵＮＩＴＡＩＤは他の国際機関に比して、より民主的で、透明で、アカウンタブルである」と論じ、ＵＮＩＴＡＩＤのガヴァナンスを高く評価しています（Task-force 2010）。

適応基金における超国家ガヴァナンス

現在の炭素価格の低迷とともに、その財源としての割合は低下しているものの、「CDM税」を主たる収入源とする適応基金は、途上国における気候変動の悪影響に対処する適応プロジェクトやプログラムに対して資金援助を行う機関です。適応基金は、適応基金理事会、事務局、信託機関から構成されています。現在のところ、事務局は地球環境ファシリティ（GEF）が、信託機関は世界銀行が担っています。

適応基金理事会は、支援対象となるプロジェクトの採否を決定する権限を持ちます。その構成は、五つの国連地域グループからそれぞれ二名、小島嶼《しょうとうしょ》途上国から一名、後発開発途上国から一名、国連気候変動枠組条約（UNFCCC）附属書Ⅰ国（先進国・経済移行国）から二名、非附属書Ⅰ国（途上国）から二名の合計一六名の理事からなり、途上国の理事が過半数を占めるようになっています。また、意思決定は原則としてコンセンサスでなされますが、合意が得られない場合は、一国一票にもとづいて三分の二の多数決で採択されます。つまり、適応基金では、途上国の声がより反映されるガヴァナンスとなっているのです。

また、プロジェクトの実施においても、GEFでは世界銀行、国連開発計画（UNDP）、国連環境計画（UNEP）等の国際機関によって行われますが、適応基金では国際機関による実施に加えて、一定の条件を満たせば途上国の国内実施機関も財源への直接アクセスが認められています。

さらに、ジャーマン・ウォッチなど九つのNGOが「適応基金NGOネットワーク」を創設し、理事会のメンバーと年三回の対話の機会を持ってNGOの声を届ける一方、プロジェクトでは、適応基金は現地のNGOを含めた国別の実施主体にプロジェクトの実施を委ね、モニタリングも現地のNGOが中心になって行っています。

それに伴う成果もあって、適応基金は気候資金関係の国際機関の中で、もっとも透明性が高いとの評価を受けています。他の国際機関に比べて、適応基金のガヴァナンスがより途上国の意向が反映されやすいものとなっている理由は、途上国の協力なしには解決し得ない気候変動という課題に対して途上国の立場が強まりつつあること、途上国政府と連携して積極的な活動を行ってきた国内外のNGOの影響などが考えられます。

しかし、おそらく一番の要因は、適応基金の財源にあると考えられます。すなわち、適応基金は先進国からの任意拠出金を受け入れているけれども、既述のとおりクリーン開発メカニズム事業から発生する削減相当量（クレジット）への課金を主要な財源としていることが他の基金とは大きく異なるのです。

緑の気候基金に見る超国家ガヴァナンス

緑の気候基金は現時点ではグローバル・タックスを財源とするものではありません。しかし、今後は年間数兆円規模の財源を調達することをめざす気候変動対策における主要な国際機関となることが想定されています。そのため、将来的にグローバル・タックスを財源の一部とする可能性があって、ガヴァナンスについても、巨額の資金を管理・分配するために、すでにさまざまな工夫を凝らしています。

緑の気候基金は二〇一一年一二月に創設されました。その目的は、国内・国際レベルで公的・民間双方の気候資金の触媒となって、十分な資金を途上国に供給することで、途上国が温室効果ガスを削減し、気候変動の悪影響に適応できるように支援することにあります。

緑の気候基金は理事会、事務局、信託機関から構成され、信託機関については世界銀行が暫定信託機関を務めています。ここで、最大のポイントとなるのが、理事会の構成と意思決定方法です。理事は、先進国理事が一二名、それに対し途上国理事がアジア太平洋から三名、アフリカから三名、ラテンアメリカ・カリブから三名、小島嶼諸国から一名、後発開発途上国から一名、それ以外の途上国から一名の計一二名、合計で先進国、途上国理事が同数の二四名から構成されています。また、先進国理事、途上国理事からそれぞれ一名ずつ議長が選出される共同議長制を敷いています。

このように、緑の気候基金は理事数において先進国と途上国が平等となるガヴァナンスを備えているのです。

また、緑の気候基金は市民社会や民間企業などの多様なステークホルダーの関与を掲げています。その一つの体現が理事会へのオブザーバー参加です。オブザーバーは二つのカテゴリーに分けられています。

一つはいわゆるオブザーバーであり、いま一つは「アクティブ（活動的）」オブザーバーです。アクティブ・オブザーバーは市民社会から二名、民間企業から二名選出され（ともに先進国と途上国から一名ずつ）、以下の資格を持ちます。

① 理事会での議題に項目を追加することを要求できる
② 外部の専門家の理事会への招聘《しょうへい》を共同議長に推薦することができる
③ 理事会で参加者に発言することを要求することができる

④　議決権は持たないものの、議長の許可を得て理事会で発言し、議論に参加することができる

一般のオブザーバーにはこのような資格は与えられていないことは言うまでもありません。加えて、緑の気候基金は四名の理事と、途上国の企業セクターから四名、先進国の企業セクターから四名、市民社会から二名の専門家によって構成される民間セクター諮問グループを創設し、理事会に民間セクターとの広範な関わりや協約についてアドバイスを行っています。先に解説したＵＮＩＴＡＩＤは、市民社会から二名、財団から一名、国際機関から一名の理事を選出し、理事会で他の理事と同等の権限を付与していますから、緑の気候基金においてはＵＮＩＴＡＩＤより政府代表以外のステークホルダーの意思決定過程への関与は小さいと言えるでしょう。

しかし、「アクティブ・オブザーバー」という新たなカテゴリーを設け、民間セクター諮問グループを創設するなど、理事会という意思決定の中枢に市民社会が関わることを可能にしているという点は、特筆に値します。

ここでの意思決定方式は原則としてコンセンサスで、さらに、緑の気候基金は独立評価ユニ

ットを理事会の下に創設しています。みずからの活動について第三者評価を行うという制度を設けている点において、緑の気候基金のアカウンタビリティを保証する観点から評価に値します。

このように、緑の気候基金の理事会の構成と意思決定方法、多様なステークホルダーの関与や独立評価ユニットの創設などを総合的に見てみると、国際通貨基金（ＩＭＦ）や世界銀行は言うまでもなく、ＵＮＩＴＡＩＤや適応基金と比較しても、緑の気候基金のガヴァナンスはかなり公正なものに設計されています。

望ましい超国家機関のガヴァナンスとは？

ここまでグローバル・タックスの超国家レベルでのガヴァナンスとしてＵＮＩＴＡＩＤと適応基金、さらに参考として緑の気候基金を見てきました。これらの経験から言えることは次のとおりです。

第一に、意思決定における先進国と途上国のバランスです。グローバル・タックスの税収は、貧困、気候変動、感染症など、地球規模課題の解決のために使われ、実際のプロジェクトの多くは途上国で実施されることから、先進国―途上国の枠を超えて、すべての国々が協力することが不可欠です。したがって、税収の管理や分配を決定するガヴァナンスについても、先進国と途上国が平等に意思決定に参加する形態が望まれるのです。

しかし現実には、世界銀行やＩＭＦなどは、多くの拠出金を出す国ほど、多くの投票権を得られる加重表決制（いわゆる「一ドル一票制」）を採用しています。つまり、途上国にとって国際機関は多くの場合、不平等であったのです。

このような先進国優位のガヴァナンスに対して、途上国は反発し、適応基金の創設にあたっては、途上国優位のガヴァナンスが構築された経緯があるのです。ＵＮＩＴＡＩＤについても、創設国は、フランス、ブラジル、ノルウェー、チリ、イギリスであり、ＵＮＩＴＡＩＤに多くを拠出しているのもこれらの国々ですが、一二の理事のうち、アフリカ連合から一カ国、アジアから一カ国を選出し、先進国が四カ国（創設国のうちフランス、ノルウェー、イギリス＋スペイン）、途上国が四カ国となるようにバランスを取っています。

緑の気候基金も、先進国理事と途上国理事を同数とし、議長も先進国、途上国から一名ずつ選出して運営を行う共同議長制を敷いています。したがって、グローバル・タックスのガヴァナンスを構想する場合も、理事会の構成については、先進国と途上国が平等になるようなガヴァナンスを構築することが現在の潮流であり、望ましいものと考えられています。

第二に重要なのは、市民社会やＮＧＯの参加も含めたマルチ・ステークホルダー・ガヴァナンスです。

ＵＮＩＴＡＩＤの場合は、一二名の理事のうち、八名が政府代表理事、二名が市民社会代表理事、一名が財団理事、一名が国際機関理事となっています。適応基金の場合は、理事は政府代表だけで構成されていますが、前述のとおり、「適応基金ＮＧＯネットワーク」が理事会のメンバーと年三回の対話の機会を持ってＮＧＯの声を届け、実際のプロジェクトでは、現地のＮＧＯを含めた国別実施主体にプロジェクト実施が委ねられています。

緑の気候基金についても、「アクティブ・オブザーバー」枠を設け、市民社会が理事会に参加できるようにしているだけでなく、民間セクター諮問グループを創設し、市民社会や企業セクターのインプットを可能にしている点は重要です。こうした動向から、グローバル・タックスのガヴァナンスの構築にあたっては、マルチ・ステークホルダー・ガヴァナンスを積極的に取り入れていくことが要請されます。

第三に重要なのは、第三者評価ないし独立評価の必要性です。多数かつ多様な納税者に対して、説明責任を果たすためには、当該機関から独立した機関による評価により、資金の透明性や税収の使途の正当性を証明しなければなりません。

すでに紹介したとおり、たとえばＵＮＩＴＡＩＤの場合は、ＩＴＡＤというコンサルタント会社による第三者評価を行い、緑の気候基金も理事会の下に独立評価ユニットを設けています。適応基金は、「適応基金ＮＧＯネットワーク」が現地調査を行い、その結果を第一八回国連気候変動枠組条約締約国会議（ＣＯＰ18）のサイド・イベントで発表しています。

緑の気候基金はまだ活動を始めて間もないので評価は行われていませんし、ＵＮＩＴＡＩＤや適応基金の評価が十分かどうかはまだまだ議論の余地はあるのですが、グローバル・タックスのガヴァナンスを構想するにあたり、第三者評価あるいは独立評価は欠かせない要素であるのはまちがいありません。

グローバル・ガヴァナンス変革の可能性とその論理

ここまで、グローバル・タックスに関わるガヴァナンスについて、とりわけ、その納税先となる超国家機関のガヴァナンスを中心に説明してきました。

ここで一つ確認しておきたいのが、こうした機関と現存している国際機関との違いです。その相違を一言でいうならば、従来の国際機関は各国の拠出金によって運営されるため、大きな制約を受けている一方、グローバル・タックスを財源とする超国家機関はその制約を乗り越える潜在性を持つということです。

まず現存する国際機関の制約とはなんでしょうか。

第一に、意思決定の制約があります。その中核となるのは諸機関の理事会ですが、これは各国の政府代表から構成される場合がほとんどです。各国代表の第一の関心事はまずは国益の最大化であり、地球益は二の次になることがほとんどです。

次に、財源です。もしも諸機関への各国からの拠出金がなくなれば、特に大口の拠出金を出す大国から資金が来なくなれば、その機関は簡単に立ち行かなくなります。ですから、既存の国際機関は財政面での自立についても乏しいというのが現状です。また財政面での各国、特に大国への依存は、政策面でもこれらの国々に配慮せざるを得ず、十分な自律性を保つことができないことを意味しています。

これに対し、すでに検討したとおり、航空券連帯税というグローバル・タックスを財源とする国際機関であるＵＮＩＴＡＩＤの理事会は、政府代表だけでなく、市民社会、財団、国際機関も理事になり、意思決定に市民社会や現場の想いなど、多様な意見を反映させ、国益を超えた利益のための決定を試みています。

グローバル・タックスを財源とする国際機関は、従来のそれとは異なり、財政的に自立性を確立し、主権国家、特に大国の「くびき」からもある程度解き放たれる可能性をも有しているのです。つまり、拠出金に頼らず財政的な自立性を確保することで、各国の国益に縛られず、純粋に地球益の実現に向かって政策を策定し、活動を展開する可能性が開かれているのです。

したがって、今後、航空券連帯税に加えて、金融取引税、地球炭素税、武器取引税などさまざまなグローバル・タックスが導入され、それに伴って次々と独自の財源と多様なステークホルダーによる意思決定を備えた超国家機関が創設されることになれば、現在の強国・強者主導のグローバル・ガヴァナンスは、当然全体として大きく変革を迫られることになるでしょう。

このように、グローバル・タックスの実現は、単に地球規模課題の解決のための資金を創出するという次元を超えて、長期的にはグローバル・ガヴァナンスをより民主的で、透明で、アカウンタブルにしていく潜在力を秘めていると言えるのです。

第四章　グローバル・タックス実現のためのステップ

グローバル・タックスの実行は可能か

新しい構想というものはとかく批判を浴びるものです。グローバル・タックスについても、いくつか批判はありますが、その第一は実行可能性についてでしょう。もちろん一朝一夕にできるものではありませんし、実現のためには解決しなければならないいろいろな問題はあります。けれども、原理的にできないというものではありません。

現に、航空券連帯税や「CDM税」のように部分的に実現しているものもありますし、後に見るように金融取引税についても実現に向けてEU諸国が実際に動き出しています。むずかしいということは、できないということではありません。技術的な難点はテクノロジーの進歩によって解決しつつあると言えます。

もう一つのよくある批判は、グローバル・タックスというもののイメージに関わるものです。税というものは国家が集めるものであって、それは国境で区切られた国土と、そこに住む国民と、それを統治する政府とで構成される領域国民国家であるべきだという固定観念が根強く存在します。そこから、グローバルに税を取るというと、強大な国が世界を支配して一方的に税を取り立てるような独裁的なイメージを持つ人もいるでしょう。しかし、これはグローバル・

タックスのめざすもの、あるいはそれが部分的にせよ実現しつつあるものと大きく隔たったイメージです。

繰り返しになりますが、グローバル・タックスが実現していない世界の現状を確認しておきましょう。

実情はこうです。現在わずか〇・一四%の富裕層が、世界のすべての金融資産の八一・三%を所有し、たった六二人の金持ちが世界の所得下位三六億人分に相当する資産を保持しています。お金は権力を動かすこともできます。「一%の、一%による、一%のガヴァナンス（統治）」といわれるゆえんです。これこそ富裕層による独裁です。

航空券連帯税を徴収するUNITAIDには、さまざまな立場の人が参加し、集めたお金の使い道を民主的に決めています。グローバルなレベルでのお金の民主的な共同管理、これがグローバル・タックスのめざすものです。ですからグローバル・タックスが広がっていけば、つまり、実施される税の種類も増えて、それに参加する国の数も増えていけば、多様なステークホルダーによる意思決定の仕組みをそなえた国際機関がいくつも設けられ、そのことによって「一%の、一%による、一%のガヴァナンス」は大きな変革を迫られることになるでしょう。

日本で課税できるグローバル・タックスはなにか？

さて、これまで見てきたとおり、グローバル・タックスの二本目の柱である「国境を越える活動に課税し、グローバルな課題解決の財源とする構想や政策」にはさまざまなものがあります。本章では、これらのグローバル・タックスの構想の中から、すでに実現しているもの、導入が予定されているもの、実際に政府や専門家委員会などが提案した構想について、グローバル連帯税推進協議会（第二次寺島委員会）の最終報告書をもとに、かつ日本での導入を念頭に入れて、検討していきましょう。

特に、協議会が日本政府に提案している航空券連帯税と金融取引税については詳しく考察し、グローバル通貨取引税、タックス・ヘイブン（オフショア領域）利用税、グローバル累進資産税、多国籍企業税、武器取引税については、その概略を見ていくことにします。

中には専門的でむずかしい部分があるかもしれません。その場合は、気にせず先に読み進めてください。概要を大きくつかめれば十分ですので。

航空券連帯税

これまで触れてきたとおり、航空券連帯税（Air-Ticket Solidarity Levy）は数あるグローバル・タックス構想の中ですでに成功裡《せいこうり》に実施されている税制です。同税はフランスのジャック・シラク大統領が二〇〇五年に提唱し、翌二〇〇六年七月からフランスで導入されました。その後、韓国やチリそしてアフリカ諸国など、現在一四カ国で導入されています。

この税は次の特徴を有するので、グローバル・タックスとしてもっとも導入が容易な税制と言えます。

① 徴税コストがかからない。航空券購入時に空港税に上乗せする方法で行う。

② 航空会社に費用が生じない。納税するのは国際線を利用する乗客である（出国時のみ適用され、トランジット客には適用されない）。

③ 税制設計は各国で決めることができる。特に国際条約等が存在しないため、導入国が税率を含めて設計できる。

日本で導入した場合の税収の見込みは、二〇一四年の国際線利用乗客数から、三五七億円程度と予想されます。うち、外国人乗客から一五八億円程度が見込まれます。国際線には消費税が課せられていませんので（免税扱い）、本税のような課税は妥当と言えます（消費税負担原則）。

◆航空券連帯税の資金規模

課税は座席クラスごとの定額税とします。日本でほぼフランス並みにエコノミークラスで五〇〇円、それ以外のクラスで五〇〇〇円の定額税を課すこととします(担税力原則)。二〇一四年の国際線利用者は、出国日本人一六九〇万人、訪日外国人一三四一・四万人の合計三〇三一・四万人であるので、これに上記定額税を課すと、三五七億円程度の税収となるわけです(エコノミー座席八五%、それ以外座席一五%とした場合)。日本は二〇二〇年東京オリンピック・パラリンピックまでに外国人旅行者二〇〇〇万人を目標にしていますが、二〇一三年来過去最高という旅行客数が続いており、二〇二〇年前までに実現する可能性は高いでしょう。もしこれが実現すれば、訪日外国人だけで二三五億円程度の税収が見込まれます。

◆航空券連帯税の資金の使途

次に、資金の使途ですが、日本はすでに「革新的開発資金に関するリーディング・グループ」の一員であることから、第一にUNITAID(国際医薬品購入ファシリティ)への拠出が期待されます。ただし、その拠出額は各国の裁量に任されていますから、どの程度の拠出が適当かは日本が主体的に決めることになります。たとえば、税収の六〇%をUNITAIDに、一五

%をＧＡＶＩアライアンスに、二〇％を感染症を水際で食い止める空港などの日本国内でのインフラ整備に、五％を国際的な活動をしている日本のＮＧＯの資金援助に充てることも可能です。

このような使途を提唱する根拠の一つは、エボラ出血熱、デング熱、ＭＥＲＳ（マーズ／中東呼吸器症候群）など熱帯性感染症が世界的に拡散・流行した大きな要因が、航空網の発達によるヒト・モノの大量移動と関係があるからです。ひと度そうした感染症が世界で蔓延《まんえん》すれば、各国の安全性が脅かされるだけでなく、世界レベルでの経済的打撃も相当規模に上るのはまちがいありません。

以上のことから、航空券への課税は、第三章一〇三頁から一〇五頁で説明したグローバル・タックスの五つの課税原則のうち、負荷者負担原則、担税力原則、消費税負担原則、広薄負担原則にあたります。とりわけ、飛行機利用者に国内外の感染症対策のコストを薄く負担してもらうことに対して、国民的理解を求めることは理に適っているのではないでしょうか。国内対策では、外国人旅行客が飛躍的に増加している地方空港での防護体制や対策の整備・強化のための資金（専門家の育成を含む）として活用することが期待され、遅くとも二〇二〇年の東京オリンピックまでには実現されることが強く望まれます。

◆航空券連帯税の管理・分配方法（ガヴァナンス）はどうなるのか

一つのアイデアとして、外務省のもとに「地球規模課題ならびに感染症対策のための連帯基金（仮称）」を設置し、基金の管理・運営ならびに使途決定は関係省庁や関係団体による委員会が取り行うことが考えられます。具体的には、外務省、財務省、厚労省、環境省、国交省、国際協力機構（JICA）、地方自治体、専門家、NGOが委員会のメンバーとなります。並行して、航空券連帯税と連帯基金のあり方全般については、関係するステークホルダーによる諮問グループを設置し、勧告を出せる仕組みを作ります。関係者は、航空業界、観光業界、空港会社、地方自治体、NGO、専門家、学識経験者等によって構成されるという案が考えられます。

◆法律上の実行可能性、公平性、中立性、簡素性

今日航空券への課税ならびに課徴金は、ほとんどの国で実施されており、法律上の問題は特にありません。国内的には、税収の目的、課税ベース、徴税方法、基金設置等々を法案化することになるでしょう。

次に租税原則の公平性、中立性、簡素性を考察してみます。

①公平性　どこの国の、どの航空会社の国際線を使っても乗客が出国時に納税する仕組みなので、不公平は生じません。また、ファースト・ビジネスクラスとエコノミークラスで納税額が異なる座席クラスに応じた徴税額の差異は、乗客の担税力を反映するもので、公平性の観点から望ましいと言えるでしょう（担税力原則）。
②中立性　これまで実施してきたフランスや韓国から、同税実施が航空需要や観光業に悪影響を及ぼしたとの報告は上がっていません。フランスではこの間、欧州債務危機やギリシャ問題等があったにもかかわらず年間八〇〇〇万人強の外国人観光客をコンスタントに受け入れてきています（ちなみに、同国のＧＤＰに占める観光業の割合は約七％でトップです）。
③簡素性　既存の航空券税や空港利用料金等に同税分を上乗せする形での徴収となるため、システムは簡素であり、したがってコストも最小限に抑えることができます。

◆技術上の実行可能性

同税を回避するための策は、ほとんど考えられません。出国者の捕捉は常に可能であり、確実に徴税することができます。また、すでに現実が示しているとおり、日本一国での実施も可能です。

◆政治上での合意の可能性

外務省は二〇〇九年度より二〇一六年度まで八年連続して「国際連帯税（国際貢献税）の新設」を要望しています。また政府税制調査会は二〇一〇年より二〇一一年まで国際連帯税を議論し、二〇一二年八月にはいわゆる「社会保障・税一体改革関連法」が成立し、その中の「社会保障の安定財源の確保等を図る税制の抜本的な改革を行うための消費税法等の一部を改正する等の法律」の第七条第七項において、国際連帯税についても検討を行うことが明確に規定されています。

他方、各航空会社は順調に利益を上げ、今後もその成長が見込まれているにもかかわらず、航空業界は強く反対しています。経団連も、反対の声明を出しています。

しかし、よく考えてみると、税を払うのは乗客であって、航空会社ではありません。しかも、JALやANAだけではなく、日本を飛び立つすべての航空会社の乗客が課税対象ですので、日本の航空業界にはなんら損失はないはずです。

さらに、今後の温暖化が進む世界や、グローバルなヒトのますますの移動に伴って、さまざまな感染症が拡大することが予想されます。それに対して、航空業界こそがいまからしっかりした予防対策を打たないといけません。それを、業界はおカネを出さずして航空券連帯税の税収を使って実施することができるのです。しかも、それを航空業界の社会的責任（ＣＳＲ：Corporate Social Responsibility）として、アピールすることもできます。

これらのことから、航空券連帯税の導入は、どの立場に立ってみても、みんなの利益になるきわめて合理的な選択だと言えるでしょう。このことを理解すれば、航空券連帯税に反対する理由はなくなり、あとは連帯税の導入を求める国民の声と、それを受けての政治的決断で実現できると考えます。

金融取引税

金融取引税（Financial Transaction Tax）とは、株式、債券、通貨、デリバティブなど金融商品の取引をする度に税金がかかる仕組みです。金融取引税を実施すれば、取引をすればするほど費用がかかるので、一秒間に一〇〇〇回以上のような投機的な取引は抑制され、マネーゲームに制限をかけられます。そして、税収は格差や貧困問題に充てることができるのです。

金融取引税のアイデアは、一九七〇年代初頭に、後にノーベル経済学賞を受賞することになる経済学者ジェームズ・トービンによって生み出されました。トービンは外国為替市場の相場が、投機的な投資によって変動する悪影響を緩める必要を指摘し、外国為替市場におけるすべての取引への課税を提案しました。

外国為替とは、簡単に言えば両替のことなのですが、どの国の通貨の価値が上がりそうかと予想して、たとえばドルが安いうちにドルを円で買い込み、ドルが高くなったら売り払うことで利ざやを稼ぐという、両替とはかけ離れた取引が行われています。その結果、各国の通貨の相場は絶え間なく変動し、実体経済にも悪影響を与えることが多々あります。そこで、トービンは外国為替市場の取引に課税することにより、投機的な取引を抑制できると考えたのです。これを提唱者の名をとってトービン税（通貨取引税）といいます。

トービン税のアイデアを継承したのが、オーストリアの経済学者シュテファン・シュルマイスターによる金融取引税です。これは外国為替市場に限らず、すべての金融取引に課税するというものです。

こんな構想はまったくの夢物語と思われてきましたが、ヨーロッパで歴史が動きました。二〇一一年九月、欧州連合（EU）の執行機関である欧州委員会が、欧州金融取引税を各国が導入する指令案を出したのです。その後、紆余《うよ》曲折を経て、フランス、ドイツ、イタリア、スペインを含むEU一〇カ国が、二〇一五年一二月に金融取引税の導入で大筋合意し、現在導入に向けて細部を詰めています。当然のことながら、金融業界の猛烈な反対がありますので、現時点では導入されるかどうか予断を許しません。

しかし、実現すれば歴史的な偉業になるでしょう。なぜなら、いまの制度設計では、この税はEU一〇カ国の金融機関の間の取引だけでなく、これらの金融機関と取引した一〇カ国以外の金融機関にも税がかけられるからです。「一方的に税を取られるのは不公平なので、うちでも金融取引税を実施しよう」となり、EU一〇カ国から始まった金融取引税が、グローバルに拡大する可能性を秘めているからです。そうなると、EU一〇カ国金融取引税が、グローバル金融取引税になります。

現在のEUの金融取引税の内容は、有価証券（債券や株券、投資信託など、財産的価値のある権利を表す証券や証書のこと）取引に〇・一％、デリバティブ取引に〇・〇一％を課税するものです。ただし、債券、融資、そして為替の直物《じきもの》取引（取引日の翌々日営業日を資金の受け渡し日とする取引のこと。スポット取引とも呼ばれる）については課税対象から除かれています。また、これは個人ではなく、金融機関に対して課税するものとなっています。

◆日本で金融取引税を導入するとどうなるか

さて、ここからは、金融取引税を日本で導入するケースを考えてみましょう。グローバル連帯税推進協議会は、二つの選択肢を示しています。

① EUの金融取引税をほぼそのまま日本に導入する

② 日本独自の金融取引税を考案する

①を検討する前に、まずグローバル連帯税推進協議会が提示する②の日本独自案を説明しておきましょう。これは、金融機関債務残高（金融機関が今後、支払わなければならないお金の合計額）に課税するとともに、有価証券取引とデリバティブ取引の税率をそろえる構想です。金融機関債務残高へ課税する理由は、リーマンショックなどの金融不安の大きな要因が過剰信用によって引き起こされたと考えられるためであり、それを抑制する効果を狙《ねら》うとともに、アメリカのオバマ政権が同様の税制を検討していることに平仄《ひょうそく》を合わせたからとしています。金融機関債務残高に課税するので、金融取引税というよりは、債務税と呼ぶ方が適切かもしれません。金融取引税率をそろえる点については、有価証券取引もデリバティブ取引も、経済効果は同じであるこ

とから、日本独自案では税率が同一にされています。

① ＥＵの金融取引税をほぼそのまま日本に導入する場合

導入国であるヨーロッパ一〇カ国と協調しながら、いったん日本でもＥＵ一〇カ国金融取引税を導入します。ただし、レポ取引（債券と資金を一定期間交換する取引）と国債は対象外とします。そして、ＥＵ一〇カ国金融取引税導入国と協定を結び、徴税について相互に協力しあいます。また、金融機関債務残高に対する課税についても、ＥＵに対して働きかけるシナリオです。

② 日本独自の金融取引税を考案する場合

日本独自案である金融取引・債務税を導入した上で、ＥＵとの対話を進めます。ＥＵとの対話を進めつつ、株式、債券（レポ取引は除く）、デリバティブ、外国為替については取引量の〇・〇一％、金融機関債務については残高の〇・一％に課税します。

グローバル連帯税推進協議会は、この二つの方向性の関係について、「段階的アプローチで臨むことが望ましい」としています。つまり、第一段階で、国際協調と実現可能性の観点から、近い将来ヨーロッパで実施が見込まれるＥＵ一〇カ国金融取引税を日本でも実施します。次に、この金融取引税に債務税を加えた日本独自の案を世界に提言し、国際協調を図りながら実施に移すというのが現実的で望ましい流れだというのが、協議会の見立てです。

◆金融取引税の資金規模

それでは、それぞれの金融取引税を日本で実施した場合、どれだけの税収が上がるのでしょうか。協議会は、選択肢①について、株と債券の取引量が一五％減少し、デリバティブの取引量が七五％減少すると仮定し、年間八〇〇〇億円程度の税収を見込んでいます。

選択肢②については、取引量は二〇％減少し、金融機関債務残高は五％減少すると仮定し、三兆円程度の税収が上がると試算しています。なお、為替スポット取引を外した場合には二・六兆円、金融機関債務残高への税率を〇・〇五％にした場合には一・八兆円と見込んでいます（一四三頁、図8参照）。

◆金融取引税の資金の使途

まずは、グローバルな課題の解決に使うことが原則です。中でも、資金規模が大きく緊急性の高い、気候変動や貧困問題は有力な候補です。ただし、納税者の納得感を高める観点から、金融危機対策のための財源とすることも考えられます。

図8　金融取引税の課税対象、税率、税収見込み

	課税対象と税率	課税の効果	税収見込み
選択肢① EUに合わせる	有価証券取引の 0.1% （国債・レポ除く） デリバティブ取引の 0.01%	有価証券取引は 15%減少 デリバティブ取引は 75%減少	0.8 兆円
選択肢② 日本独自案	金融取引の 0.01% （レポ除く） 金融機関債務残高の 0.1%	金融取引は 20%減少 金融機関債務残高は 5%減少	3.0 兆円
	金融取引の 0.01% （為替スポット・レポ除く） 金融機関債務残高の 0.1%		2.6 兆円
	金融取引の 0.01% （為替スポット・レポ除く） 金融機関債務残高の 0.05%		1.8 兆円

株式取引量	643 兆円	2014年。日本取引所グループ統計月報。
債券取引量（現先除く）	3300 兆円	2014年。日本証券業協会 HP。
債券取引量（国債・現先除く）	33 兆円	2014年。日本証券業協会 HP。
デリバティブ取引量	2053 兆円	2013年。外国為替およびデリバティブに関する中央銀行サーベイ（日本銀行）。
外国為替取引量	11450 兆円	2013年。外国為替およびデリバティブに関する中央銀行サーベイ（日本銀行）。
外国為替取引量（スポット除く）	6652 兆円	2013年。外国為替およびデリバティブに関する中央銀行サーベイ（日本銀行）。
金融機関債務残高	1673 兆円	2014年末。資金循環表（日本銀行）。
（参考）レポ取引量	18359 兆円	2013年。国債の決済期間の短縮化に関する検討ワーキング・グループ（日本証券業協会）。

出典：グローバル連帯税推進協議会最終報告書 2015

◆金融取引税の管理・分配方法（ガヴァナンス）

当面の間は国家が徴税権者とならざるを得ないので、日本政府が徴税し、政府を通して税収を分配することとなります（「部分的」グローバル・タックス）。したがって、航空券連帯税のガヴァナンスにならって、財務省が主管官庁になり、関係省庁、関係業界、学識者、ＮＧＯなどさまざまなステークホルダーが参加する基金や協議会を作り、その提言にしたがって政府が税収を分配することが考えられます。

他方、ＥＵ一〇カ国金融取引税の場合は、将来的にEUが税収（の一部）を実施国から徴税し、再分配することも考えられます。

また、航空券連帯税の税収を管理しているＵＮＩＴＡＩＤが、金融取引税の受け皿となる可能性を示唆していることから、ＥＵ、日本双方の金融取引税について、既存の国際機関、あるいは新たに創設された超国家機関が、ＥＵ一〇カ国や日本政府から上納された税収を管理する可能性も考えられます。

その場合は、繰り返しになりますが、理事会における先進国―途上国のバランス、理事会がマルチ・ステークホルダーで構成されること、さらには第三者評価の確立が求められます。

◆金融取引税の実行可能性

金融取引が対象とする「マネー」は元々グローバルに移動しやすい性格を持っています。つまり、一部の国だけが金融取引税を導入しても、その国を回避した金融取引が増える可能性があります。ですから、この税は他のグローバル・タックス以上に国際合意（ハーモナイゼーション）が重要です。

特に金融の分野においては、これまで見たとおり、タックス・ヘイブンの比重が高まっていますから、仮にアメリカやイギリスも含めた主要国が一斉に導入したとしても、これまで以上にマネーがタックス・ヘイブンに潜っていく可能性があります。だから、グローバル・タックスの第一の柱であるタックス・ヘイブン対策を併せて進めることが重要なのです。

◆金融取引税——政治上での合意の可能性

グローバル連帯税推進協議会は国内合意の問題と国際合意の問題を指摘しています。その上で、「国内合意については、政府及び政党が指導力を発揮して国民の支持が得られれば、十分可能である。業際問題というハードルも存在するが、調整可能な範囲にあると思われる」と分析しています。

一方、国際合意について、協議会は「ハードルは相当程度に高いと考えられる。国際金融を重要産業と位置付け、規制緩和、低税率などを通して、国際金融機関の集積・育成を図ってきた国・地域が少なくないからである」と指摘しています。であればこそ、EU、G20、OECDなどと協力しながら、効果的なタックス・ヘイブン対策を前へ進め、グローバル金融取引税の実現可能性を高めることが望まれます。ここにこそ、日本がグローバルなルール作りでリーダーシップをとる余地とチャンスがあるのです。

その他の課税にはどんなものがあるのか?

航空券連帯税、金融取引税の他にも、多様な課税の方式が考えられます。

金融セクターではグローバル通貨取引税、タックス・ヘイブン利用税、国際交通では航空燃料税、国際バンカー油課税、多国籍企業に対する多国籍企業税、情報通信セクターではグローバル電子商取引連帯税、軍需産業では武器取引税、武器売上税、エネルギー産業では地球炭素税、天然資源税、プルトニウム生産税、富裕層に対するグローバル累進資産税、その他「CDM税」など、実にさまざまな提案がなされています。

それらの実現には今後長い年数を要するかもしれませんが、地球規模課題を解決する財源としてのグローバル・タックスの必要性はますます高まっていくに違いありません。その実現の順序は、間接税から直接税へ、数カ国から大多数の国へ、目的税から一般税源へという流れとなるでしょう。

以下では、今後検討を加えていく必要があると思われるいくつかのグローバル・タックスについて、再びグローバル連帯税推進協議会の最終報告書から紹介していきます。

グローバル通貨取引税

欧州金融取引税では直物の通貨取引は課税対象から除外されている一方、革新的開発資金に関するリーディング・グループの専門家委員会は、二〇一〇年にグローバル通貨取引税の導入を提案しました。国際連帯税推進協議会（第一次寺島委員会）も同年九月の最終報告書に、提言の柱としてこの手法を盛り込みました。

この税のカギは、多通貨同時決済銀行（CLS：Continuous Linked Settlement Bank　以下、「CLS銀行」と呼ぶ）です。これは、多通貨にまたがる為替取引を「受取通貨と支払通貨の同時決済システム」で決済することで、外為取引に固有の、時差に伴って発生する「決済リスク」を削減することを目的とし、二〇〇二年から稼働が始まりました。現在の決済対象通貨は円、米ドル、ユーロ、英ポンド、スイスフラン、カナダドル、豪ドルなど、主要通貨を含む一七通貨まで拡大しています。

グローバル通貨取引税は、このCLS銀行で行われる決済ごとに〇・〇〇五％という低率の税をかける構想です。トービン税とも呼ばれる通貨取引税は、「世界の為替市場が一斉に導入しない限り実現しない。なぜなら、東京市場で通貨取引税が導入されたらマネーはニューヨーク市場へ逃げ、ニューヨーク市場で実施されたらロンドン市場に逃げるからだ」と否定され続けてきました。しかし、CLS銀行ができたことで、世界の主要通貨の取引に対して、同時に一斉に課税することが可能になったのです。

リーディング・グループ専門家委員会も国際連帯税推進協議会もこの点に着目し、グローバル通貨取引税を提唱したのです。ちなみに、税収は委員会の試算によれば二五〇〜三五〇億ドル（二兆七五〇〇億〜三兆八五〇〇億円）です。使途は貧困、気候変動問題の解決に充てるよう提言されています。

タックス・ヘイブン利用税

本書の前半で見たとおり、金融の分野においては、タックス・ヘイブンでの取引が拡大しており、大きな課題となっています。タックス・ヘイブンでの取引は、それぞれの国家・地域の中、つまりそれぞれの主権の中においては「合法的な」取引であり、その問題解決には大きな困難を伴っていました。しかしながら、グローバル・タックスという新たな枠組みは、国境とは無関係にグローバルに一律に課税しようというものであり、タックス・ヘイブンの問題解決に一筋の可能性を与えます。もちろん、現時点においては、徴税権は国家に所属するものであるため、大きな制約の中でその可能性を探っていかなければなりません。

タックス・ヘイブンといえども、その取引の対象とするのは、米ドルやユーロや円といった通貨であったり、アメリカやヨーロッパや日本で発行された有価証券です。最終的な決済は各国の中央銀行であったり、有価証券の管理機関であったりします。そこからたどっていくことで、タックス・ヘイブンでの取引に課税することの可能性が見出せるのです。

次に、実行可能性はどうでしょうか。具体的な課税の仕組みについては実務担当者の知恵を借りて練り上げていくことが必要です。たとえば、資金決済の観点から考えた場合、タックス・ヘイブンのペーパー・カンパニーが円建ての資金を持った場合には、タックス・ヘイブンの銀行に円預金を持つでしょう。そのタックス・ヘイブンの銀行は日本国内の銀行とコルレス契約（外国為替取引時に相手国の為替銀行と業務上結ばねばならない取り決めのこと）を交わし、その日本国内の銀行は日本銀行の口座を持つことになります。円の資金を持つ以上、キャッシュで持たない限り、必ず日本銀行とつながることとなるわけです。

金融庁の監督指針においては、コルレス契約の締結時及び個別取引時における、審査や怪しい取引の報告義務が定められていますが、同様の態勢整備を行うことによって、タックス・ヘイブンでの資金決済に対して一定程度の課税が可能になると考えられます。

また、金融機関の日銀に対する準備預金については、口座属性（住所地など）によって異なる準備率の設定が法律で定められていますが、タックス・ヘイブンとのコルレス契約を含む口座については準備率を設定することが可能です。日銀は毎年政府に対して日銀納付金を収めていますが、この日銀納付金のうち、一定の計算式によって求められる金額をタックス・ヘイブン課税と認識して、グローバル・タックスの勘定に繰り入れることは可能と考えられます。

現時点においては、アイデアレベルを超えるものではありませんが、資金決済、証券決済の事務担当者の知恵を借りつつ、具体的な実績を積み上げることができれば、本格的なタックス・ヘイブン課税への足がかりとなり得ます。

グローバル累進資産税

世界的に評判になったトマ・ピケティの『21世紀の資本』は、資本主義が貧富の格差を拡大するシステムであることを実証し、資産保有による所得が勤労による所得を上回ることを明らかにしました。格差拡大を是正するには資産への課税が必要であるとして、グローバル累進資産税を提起しています。対象となる資産は金融資産のみならず不動産、事業資産なども含め、広く設定がなされています。ピケティは、この税の目的は、格差の是正、金融危機の抑制であるとしています。

すでに多くの国では固定資産税が実施され、一部のヨーロッパ諸国には総財産に対する累進税があります。そこで、ピケティは、地域レベル（たとえばヨーロッパ）から始めて、徐々に地域間協力を広げる方向を示しています。

この税の実現に向けては、資産に関する情報の透明性を確保していくことが必要であり、グローバル・タックスの第一の柱である個人資産の銀行情報の自動交換システムなどを整備していくことが必要です。

なお、税率は累進性をもたせ、超富裕層ほど高率とします。日本一国での実施も可能ではありますが、現実にはタックス・ヘイブンの情報開示を進めていく上で多国間協力が不可欠なのはもちろんです。

ピケティは、ヨーロッパ規模の資産税として、資産一〇〇万〜五〇〇万ユーロの階層に一％、五〇〇万ユーロ以上の階層に二％の税率をかけると、EU加盟国全体でGDPの二％、およそ三〇〇〇億ユーロ（三六兆円。一ユーロ＝一二〇円で計算。以下同）の税収が得られると見積もっています。これは現行の固定資産税などを含むものですから、この中から一定割合をグローバル・タックスとして供出することになるでしょう。使途としては世界の貧困問題の解決に充てるのが妥当だと考えられます。

多国籍企業税

経済のグローバル化により、国境を越えて事業を展開する多国籍企業の数は急増し、企業規模はきわめて大きくなっています。ランドー委員会のレポートによれば、一九九〇年に多国籍企業の親会社は三万七〇〇〇社、子会社は一七万五〇〇〇社であったのが、二〇〇三年にはそれぞれ六万四〇〇〇社、八七万社に増加したとしています。現在はさらに増加しているでしょう。国連貿易開発会議（UNCTAD）によれば、世界の対外直接投資残高は、一九九〇年二兆ドル、二〇〇〇年七兆ドル、二〇一三年二六兆ドルと飛躍的に伸びています。

ランドー委員会のレポートでは、多国籍企業の親会社の連結決算利益に一律課税する方法を提起しています。その課税根拠は以下の二点です。

第一に、多国籍企業はグローバリゼーションの進展とともに事業基盤を拡大し、世界的な規模で収益を上げ、企業の成長を図っています。それゆえ、グローバリゼーションの恩恵をもっとも受けている多国籍企業に対して、貧困、環境等のグローバルな課題の解決に向けて、「グローバル経済環境使用料」を徴収することは妥当性を持ちます（受益者負担原則）。

第二に、多国籍企業は各国政府の租税切り下げ競争を巧妙に利用し、巨額の課税回避を行っています。また、本来負担すべき課税について、グループ取引内の移転価格操作、タックス・ヘイブン等を使って「合法的」に逃れています。そのため、こうした課税回避策をとることができない一般の納税者との間で公平性を欠くことになっているのです。公平性を担保することに、多国籍企業税の課税根拠が認められると言えます。

多国籍企業税は一国単位での実施には無理があり、世界主要国の連携協力が必要とされます。さらに言えば、国際租税機関のような超国家機関の設立が必要となるでしょう。

先述のATTACフランスの幹部であるジャック・コサールは、世界の多国籍企業一〇〇〇社の利潤に二五％の課税を行うとして、二〇〇〇億ドル（二二兆円）の税収を算出しています。これは現行の各国ごとの法人税を含むものですから、この中から一定割合を地球規模課題の解決に割り当てることになります。使途としては、持続可能な開発目標（ＳＤＧｓ）、とりわけ貧困、環境問題の解決のための財源とする、と構想されています。

武器取引税

ここまでは経済や金融分野でのグローバル・タックスの話でしたが、平和の分野でもグローバル・タックスの構想があります。その一つが武器取引税です。これは武器の取引ごとに課税を行うことで武器取引を抑制しつつ、税収を兵器の解体や平和構築などに分配していく構想です。

「そんな構想は実現しない」と思われてきましたが、実現に向けた土台が作られつつあります。二〇一三年四月、国連総会で武器貿易条約（ＡＴＴ：Arms Trade Treaty）が採択され、二〇一四年一二月に発効しました。二〇一六年八月時点での締約国数は八五カ国です。この条約によれば、通常兵器の輸出入等について締約国は年次報告書を提出することが規定されており、国際的な武器取引の情報が集約される意義をもっています。

ストックホルム国際平和研究所（ＳＩＰＲＩ）の報告書によれば、二〇一三年の国際的武器取引額は七六〇億ドルと推計されていますが、実際はそれよりはるかに多いと考えられています。日本も武器輸出を禁じていた武器輸出三原則を二〇一四年に撤廃し、二〇一五年に新設された防衛装備庁を中心に潜水艦や兵器など武器輸出が拡大していく流れにあります。

武器取引の拡大は国際紛争の増加をもたらし、グローバル社会に負の影響を与えることは言うまでもありません。ですから、武器貿易条約にもとづき、武器取引に関する情報が収集されることによって武器取引への課税が可能になれば、新たな税収となるとともに、武器移転にブレーキをかける効果をもたらすはずです。

この税は世界の主要国が同時に実施することが望ましいのですが、日本一国でも実施可能な税と言えます。世界の武器貿易額を先ほど挙げた年間七六〇億ドルと想定し、税率を一〇%とすると、税収は世界全体で七六億ドルとなります。使途としては、武器の破棄、平和構築、難民問題の解決に充当することが妥当と考えられます。

これら五つの構想(グローバル通貨取引税、タックス・ヘイブン利用税、グローバル累進資産税、多国籍企業税、武器取引税)は、航空券連帯税、金融取引税とは異なり、いずれも検討段階で、実施に向けた具体的な協議はまだ進んでいません。

しかし、これらの構想は、それぞれ国際社会が直面している諸課題、とりわけパナマ文書でその実態が暴露された、国際課税をめぐる喫緊の問題を念頭においています。つまり、それぞれが現実政治の議論と密接に関わる問題の背景を持っているのです。

グローバル・タックスの展望、技術的実行可能性の高まり

ここまで詳しく検討してきたグローバル・タックスの第二の柱である「国境を越えた革新的な課税」ですが、現実化の見込みはあるのでしょうか。

航空券連帯税については、実行可能性が十分にあることがわかっていますので、ここでは金融取引税を中心に考察してみましょう。この税構想の源流であるトービン税が一九七〇年代に提唱されて以降、国際的な金融取引へ課税する際の実行可能性をめぐっては、大きく分けて次の二つの問題が指摘されてきました。

① 技術的実行可能性（technical feasibility）
② 政治的実行可能性（political feasibility）

まず、①の国境を越えた取引に税をかける際に、いかなる技術的障壁があり、それを克服することが可能かどうかを検討しましょう。

かつて、国境を越えて膨大な規模で売買されている金融取引を各国の租税当局がすべて把握

することはほぼ不可能であったため、金融取引税を実施することは現実的ではないと言われてきました。つまり、仮にグローバルなレベルで導入の合意があったとしても、徴税を適切に行うにあたっての技術的障壁があり、ひいては租税回避も避けられないという批判がありました。

それに対し、一九九〇年代後半ごろから、為替契約の決済が集中的に行われる電子支払いシステムを活用すれば、国境を越えたクロスボーダー取引への課税に関わる技術的問題を克服できるとする論考が出され始めたのです。

そのシステムの一つが、先にグローバル通貨取引税の説明でも触れた、ＣＬＳ銀行です。ＣＬＳ銀行とは、銀行間の外国為替取引における多通貨決済を担うシステムで、一九八〇年代から構想され、一九九七年に創設、二〇〇二年に稼働を開始しました。この決済システムは、時差によって起こりうる決済リスク（いわゆる「ヘルシュタット・リスク」）を回避するための仕組みとして設立されました。これをより多くの銀行が活用すれば、国境を越えた取引の決済が単一のシステムによって行われるようになります。つまりこれはなにを意味するかといえば、国境を越える金融取引の徴税にかかる技術的問題を克服するような、取引の情報を集中的・一元的に管理するシステムが誕生したということなのです。

設立から約二〇年を経て、ＣＬＳ銀行の業務はますます拡大し、「共通の決済プロセスや、それを可能にする技術的プラットフォーム」が構築されるに至っています。

金融取引税を可能にする二つ目のシステムは国際銀行間通信協会（ＳＷＩＦＴ：Society for Worldwide Interbank Financial Telecommunication）による金融通信メッセージ・サービスです。ＳＷＩＦＴとは、決済請求から決済確定まで円滑に完結する目的のもと、取引内容の情報伝達機能を提供する標準化団体で、一九七三年に設立されました。今日では、二一二の国・地域の金融機関を対象とする世界的なプラットフォームとして確立されています。

財政学者の諸富徹《もろとみとおる》・京都大学教授は、この「ＳＷＩＦＴに流れ込んでは出ていく電子情報を活用すれば、容易に、しかも低コストで一件一件の個別取引情報を入手できる」とし、「あとは課税当局に、ＳＷＩＦＴに対してそのような情報を請求する法的権限が与えられるか否か、という点が問題として残るが、この点がクリアーされれば、技術的には金融取引税を実行する障壁はもはや存在しない」と結論づけています（上村雄彦編『グローバル・タックスの構想と射程』第二章）。

すなわち、ＣＬＳ銀行、あるいはＳＷＩＦＴのメッセージ処理機構を活用し、いずれかの決済プロセスを徴税ポイントとすれば、金融取引税の徴収は技術的に可能であり、ＳＷＩＦＴあるいはＣＬＳ銀行に実際の徴税を「代行」することを義務付ければ、課税当局に代わる徴税方法が実現されるということなのです。

ただし、実際に「代行」が可能かどうかはわかりません。なぜなら、各国の通貨に課税するということは、主権国家を超えた越権行為であり、課税される通貨国が反対するかもしれないからです。まさに、ここにウェストファリア体制の中にある主権国家と、グローバル化の先端を行くグローバルな機関に課税を求める勢力との「戦争」がみられるのです。

この問題を回避するために、諸富は、いずれかの機関がもつ取引情報を課税当局に提供するという方法を提案しています。そうすれば「ＳＷＩＦＴもしくはＣＬＳ銀行に徴収業務を負わせることなく、しかも取引や決済に直接的に介入することもなく、金融取引税を徴収すること」ができるようになるからです。

いずれにせよ、これらの技術やインフラを活用すれば、「金融取引税を実行する上でこれまで存在した技術的障壁を取り除くことは容易」であり、したがって金融取引税は、かなりの程度高い技術的実行可能性を持っていると言うことができます。

ＥＵが金融取引税の導入を検討することが可能になった背景には、決済システムや情報伝達技術の標準化という国境を越える金融取引に課税できる土台の確立があるのです。一九九〇年代にすでに指摘されていた技術的実行可能性の高さは、今日、もはや理論上の可能性に留まりません。今後のＥＵの動向が注目される理由はここにあります。

グローバル・タックスの政治的実行可能性——欧米・世界の動向

技術的実行可能性が明らかになったところで、次にカギとなるのが、グローバル・タックスは政治的に実行（実現）可能かという点です。これに関し、以下欧米・世界の動向、国連気候変動枠組条約締約国会議（ＣＯＰ）の動向、そして日本の動向を見ていきましょう。

（一）革新的資金メカニズムと金融取引税

欧米での議論では、これまで世界的に金融危機が起きる度に通貨取引税や金融取引税導入の声が高まりました。一九九七年のアジア通貨危機時には投機マネーを抑制するためのトービン税導入を求める運動がヨーロッパ中心に巻き起こりました。これを背景に二〇〇二年にフランスが、二〇〇四年にベルギーが通貨取引税導入を国会で可決しましたが、どちらも全ヨーロッパでの導入が前提となるため、実施には至りませんでした。

一方、これとは別にミレニアム開発目標（ＭＤＧｓ）を達成するための資金源として、革新的資金メカニズムの一環である航空券連帯税や通貨取引税（または金融取引税）が議論されてきました。この議論を牽引《けんいん》してきたのが、本書でも何度も登場している「革新的開発資金に関するリーディング・グループ」です。航空券連帯税については航空業界などの反対がありつつも、強い政治主導によって、二〇〇六年よりフランスやチリ、韓国、そしてアフリカ諸国が相次いで導入しました。

二〇〇八年九月のリーマンショックを契機に未曾有《みぞう》の世界金融危機が起こり、欧米の主要国は金融セクターへ膨大な公的資金を注入せざるを得ませんでした（ヨーロッパでは最終的に四・六兆ユーロにも上る）。このことに対し、国民から強い批判の声が上がり、ヨーロッパの主な政治指導者もコスト負担と投機規制の両面から金融取引税を主張するようになったのです。

この金融セクターへの課税問題が、同年組織されたG20金融サミットで政治的な課題となり、二〇〇九年九月のG20ピッツバーグ・サミットにおいて、IMFが次回会合までに金融危機のコストを金融機関に負担させる方法について報告書を作成することになりました。

IMFの報告書は、二〇一〇年六月のG20トロント・サミットに提出されました。しかし、金融取引税には消極的でした。これを受けたサミットでは、金融機関への課税そのものにも異論が出され、結局、なにも決定することができなかったのです。

金融取引税推進派であったドイツやフランス等ヨーロッパ諸国は、G20レベルの導入を展望しつつも、まずEU全体での導入をめざし議論を進め、それが二〇一一年九月の欧州委員会による金融取引税に関する指令案として結実したのです。

同年一一月のG20カンヌ・サミットでは、議長国のフランスが金融取引税に向けてイニシアティブを発揮しました。しかし、地球規模課題に関して新しい資金源の必要性を確認したものの、金融機関の負担を懸念したアメリカ、イギリス、カナダなどが反対したこともあり、金融取引税に関して共通認識を得るには至りませんでした。

また、EU全体への金融取引税導入案は、その後イギリスやスウェーデン等の反対があり、全体での導入が困難なことが判明しました。そこでドイツやフランス等の推進派は「強化された協力」という手続きを進め、二〇一三年二月欧州委員会はEU一一カ国による金融取引税に関する新指令案を提案しました。

その後、紆余曲折を経て、二〇一五年一二月にEU一〇カ国が金融取引税の導入で大筋合意し、現在も金融業界が強力に反対する中、課税対象や税率、徴税方法等をめぐり制度の細部を議論しています。

ところで、金融取引税に反対しているイギリスですが、二〇一一年一月より銀行税（Bank Levy）を導入しました。これは金融機関のバランスシート（資産と負債）に対する課税です（イギリスはまた株取引に関わる印紙税を課していますが、その税率は〇・五％と高率）。アメリカのオバマ政権も二〇一五年の一般教書で金融機関の債務残高に〇・〇七％をかけた定率の「手数料」を課す案を提案しています。

このように金融取引税に反対している両国も、実は金融機関への課税という点では軌を一にした行動をとっています。

以上、G20サミットレベルとヨーロッパレベルでの金融取引税に関する政治的流れを見てきましたが、その導入が可能になるかどうかは第一に政治的決断にかかっています。その端的な例が、航空券連帯税の導入でした。確かに同税は他のグローバル・タックスに比べると技術的にもコスト的にも導入が容易な税制ではありましたが、航空業界をはじめ反対の声は強いものがありました。そして、それを跳ねのけたのはなによりも政治主導による政策決定にあったのです（もちろん、前提として国民的な支持も必要ですが）。

（二）ポスト二〇一五開発アジェンダをめぐる資金創出の議論

二〇一五年はミレニアム開発目標（ＭＤＧｓ）達成期限の最終年であり、国連は二〇一五年一月よりポスト二〇一五開発アジェンダの策定に向け加盟国間の交渉を行ってきました。新たな目標設定の議論とともに、そのために必要となる資金をどうするかというのが大きな課題でした。その資金の議論をする大きな舞台が、同年七月にエチオピアのアジスアベバで開催された第三回国際開発資金会議でした。この資金会議のたたき台や草案において、航空券連帯税や金融取引税、炭素税などのグローバル・タックスも提案されていました。

これに対しアメリカやG77などが反対した結果、グローバル・タックスは資金会議の最終文書から消されてしまったのです。

MDGsに代わる新しい目標として、二〇一五年九月に持続可能な開発目標（SDGs）が設定されましたが、既述のとおり、その実現には少なくとも毎年一兆八一〇億ドル（一一八兆九一〇〇億円）という巨額の資金を必要とします。今後、SDGsのプログラムやプロジェクト、評価などが進んでいく中で、資金不足が指摘されるようになることは火を見るよりも明らかでしょう。そのとき、グローバル・タックスの必要性が再びクローズアップされることが、十分予想されます。

(三) 国連気候変動枠組条約締約国会議（COP）の動向

気候変動の分野でも巨額の気候資金の必要性に鑑み、グローバル・タックスの重要性は認識されてきました。二〇〇七年に国連気候変動枠組条約下での「長期的協力の行動のための特別作業部会」が設置され、ここではスイス政府が翌年に地球炭素税を提案しました。

その他にも、マダガスカルやコスタリカが国際通貨取引税を、ツバルが国際運輸税を、ツバルを代表国とする発展途上国グループが国際航空適応税を国連気候変動枠組条約締約国会議の場で提案しています。

先進国からも、ノルウェー・デンマークが国際海上運輸（国際バンカー油）税を提案しているのみならず、上述のとおり、国連事務総長の下に気候資金に関するハイレベル諮問グループが創設され、気候変動分野においてもグローバル・タックスの議論が進展するかに見えました。

しかし、現在のところ、国連気候変動枠組条約締約国会議でのグローバル・タックスの議論は低調です。その理由は、一方で途上国は、あくまでもＯＤＡを中心とする公的資金の増額を先進国に要求することを基調としており、グローバル・タックスを容認することでこの姿勢を変えたと思われたくないという事情があり、他方、先進国も資金源の捻出《ねんしゅつ》のためには民間資金を活用するとともに、豊かになった新興国もお金を出すべきだというスタンスを堅持しているからです。

二〇一五年末に二〇二〇年以降の気候変動に関する新たな枠組みを決めるＣＯＰ21がパリで

開催されましたが、その直前に気候変動によって多大な悪影響を被る発展途上国二〇カ国が、「Vulnerable 20：V20」グループを結成しました。バングラデシュ、コスタリカ、ブータン、ブルキナファソ、ケニア、モルジブ、キリバスなどが加盟するV20は、「気候資金を創出するために金融取引税を支持する」との声明を発表するなど、ここにきて新しい動きも出てきています。

日本は、世界第五位の温室効果ガス排出国であるばかりでなく、革新的開発資金に関するリーディング・グループの加盟国でもあることから、気候資金をグローバル・タックスでまかなうことについて、積極的な提言を行うべき立場にあります。その意味で、リーディング・グループの中核であるフランスやV20などとさらなる連携を図り、この分野でもグローバルなルール作りを先導することが切に望まれます。

グローバル・タックスをめぐる日本の動向

日本においても、すでに二〇〇一年あたりから学者やNGOが研究会などを開催していましたが、グローバル・タックスの実現に向けた最初の重要なステップは、二〇〇八年二月に、国会議員が「国際連帯税創設を求める議員連盟」を結成したことでした。初代会長は津島雄二議員（自民党、当時）で、現会長は衛藤征士郎《えとうせいしろう》議員（自民党）が務めています。国際連帯税議員連盟は自民党議員だけではなく、民進党、公明党、共産党、社民党の議員も加わり、党派を超えた議員から構成されています。

次の重要なステップは、二〇〇八年九月に環境省が主管となって「地球環境税等研究会」を開催するとともに、時期を同じくして革新的開発資金に関するリーディング・グループに加盟したことです。

このような流れの中で、二〇〇九年四月には、議員連盟から諮問を受け、研究者、NGO、国会議員、労働組合、金融業界関係者などから構成される「国際連帯税推進協議会」（座長：寺島実郎、別名：第一次寺島委員会）が発足したことが、第三のステップです。

寺島委員会は会合を重ね、二〇一〇年九月に最終報告「環境・貧困・格差に立ち向かう国際連帯税の実現をめざして―地球規模課題に対する新しい政策提言―」を議員連盟を通じて日本政府に提出しました。そこには、通貨取引税の導入を柱に、航空券連帯税の導入も含めて一三項目の提言が盛り込まれました。その間に日本政府もリーディング・グループの議長国になり、二〇一〇年一二月にリーディング・グループ第八回総会を東京で開催しました。

以上のような動きを背景に、外務省は二〇〇九年より、毎年税制改正要望として国際連帯税の新設を要望するようになりました。また政府税制調査会も二〇一〇年より動きはじめ、特に日本政府が革新的資金に関するリーディング・グループの議長国を務めた二〇一〇年には同調査会の専門家委員会の下に「国際課税小委員会」を組織し、国際連帯税について熱心に議論しました。

同年一一月にまとめられた専門家委員会の「国際課税に関する論点整理」は航空券連帯税導入に前向きであり、あとはほぼ政治的決断の段階に近付いていました。

先に述べたとおり、二〇一二年八月に「社会保障の安定財源の確保等を図る税制の抜本的な改革を行うための消費税法等の一部を改正する等の法律」が成立し、これまで述べてきたような運動の成果として第七条「税制に関する抜本的な改革及び関連する諸施策に関する措置」の第七項で「国際連帯税について国際的な取組の進展状況を踏まえつつ、検討すること」と謳われたことは一歩前進でした。

しかし、政治的決断がなされることはなく、その後の政権は「検討」のイニシアティブを取らないまま、二〇一三年度税制改正大綱以降、国際連帯税という言葉さえ盛り込まれないようになっています。

グローバル・タックスが導入されない理由は、業界の反対にあると思われますが、同時に日本政府としては「消費税率引き上げの帰趣《きすう》が定まらない中で、他の課税の議論などできない」ということだと思われます。しかし、消費税と国際貢献のための課税はまったく別問題であり、また後者について政府がきちんと説明を果たせば、国民世論の賛同の可能性も十分あることから、政治の責任は大きいと言わざるを得ません。

「なぜグローバル・タックスは実現されないのか」を考える際、以上の点を含めて「鉄の六角形」を吟味し、これを突破しなければなりません。この点については、次章でしっかり掘り下げたいと思います。

第五章　政治と現実を動かすために

鉄の六角形

ここまで、グローバル・タックス構想の歴史的意義とその実現可能性について述べてきました。ここまで来ると、「その価値はわかった。でも、どうやって実現するんだ。具体的に日本でグローバル・タックスを導入するにはどうしたらいいのだ?」と思われた読者も多いのではないでしょうか?

グローバル・タックスをやる意義は大いにあるし、しかも実現は可能だ。あとはやるかやらないかだ。そうであるならば、日本でなかなか実現に向けて動き出せないのはなぜなのか、なにがハードルになっているのか、ということを浮き彫りにしないといけません。

政治学では、与党政治家、官僚、財界(業界)の結び付きを、「鉄の三角形」と呼ぶことがあります。政官財の癒着、トライアングルという呼び方もあります。

たとえば、福島であれほど甚大な被害の原子力発電所事故を起こしたにもかかわらず、原発を再稼働させているのは、電力業界・原発メーカーという業界がみずからの利益を守るために、監督官庁である経済産業省の官僚と政治家にはたらきかけているからです。

財界(業界)は政治家に業界票と政治献金を提供し、官僚には定年後の天下り用ポストを用意するなどの便宜を図っています。その見返りに政治家は業界の利益になるような政策を実現し、官僚は業界に対する審査や指導を甘くするのです。

政治家は本来、国民によって選ばれた議員ですが、官僚の助けがなければ実際の仕事ができないため、政策実現のための法案作成などの実務を官僚に依存しています。官僚は政治家の意向に沿った政策を進めることで昇進のサポートをしてもらえます。

もちろん、すべての政治家や官僚、企業人がこのようなことをしているというわけではありませんが、こうした持ちつ持たれつの関係が政官財の「鉄の三角形」を築き上げ、市民が新しい政策の実現を政府にはたらきかけたときに、ぶちあたる障壁として知られています。

しかし、より実態に近いのは、この三角形に、「マスコミ、学界、アメリカ政府」を加えた「鉄の六角形」だと思います（一七五頁、図9参照）。

テレビ・新聞などのマスコミは企業からの広告収入に経営を依存しているため、スポンサーの企業を批判するような報道には腰が引けているし、テレビ局は政府に許認可権を握られているので、政治家の顔色をうかがって自主規制するところがあります。特に最近ではその傾向が強まっています。実際に国際NGO「国境なき記者団」による二〇一六年の「報道の自由度ランキング」では、日本は対象の一八〇カ国・地域中、七二位と、前年より一一位順位を下げています。

学問は真理を追究し、社会に貢献するのが使命ですが、原発の例でいえば、研究資金欲しさに安全基準を曖昧《あいまい》にしてしまうということが度々ありました。特に理工系の研究は費用がかかるため、企業や政府のひも付き資金に頼ることが多いのが実状です。たとえば、電力会社から多額の研究費をもらっている研究者が、声高に「原発は危険だ」とか「再稼働反対」などと言えないことは容易に想像できます。

これらに加えて、アメリカの横やりがあります。日本の場合、これが一番の問題かもしれません。あまり強調すると陰謀論のように聞こえてしまうかもしれませんが、実際、アメリカの意向次第で、政官財からマスコミまで風向きががらりと変わることがあるのは事実です。

キーワードは「山本山」

障壁が政官財のトライアングルだけでなく、マスコミ、学界、アメリカ政府を加えた「鉄の六角形」だとすると、これを突破するのはかなりむずかしいと言わざるを得ません。どうにもならないのではないかと憂鬱《ゆううつ》な気分になるかもしれません。

しかし、何度でも繰り返しますが、グローバル・タックスはすでにその実現の第一歩を踏み

図9　鉄の六角形

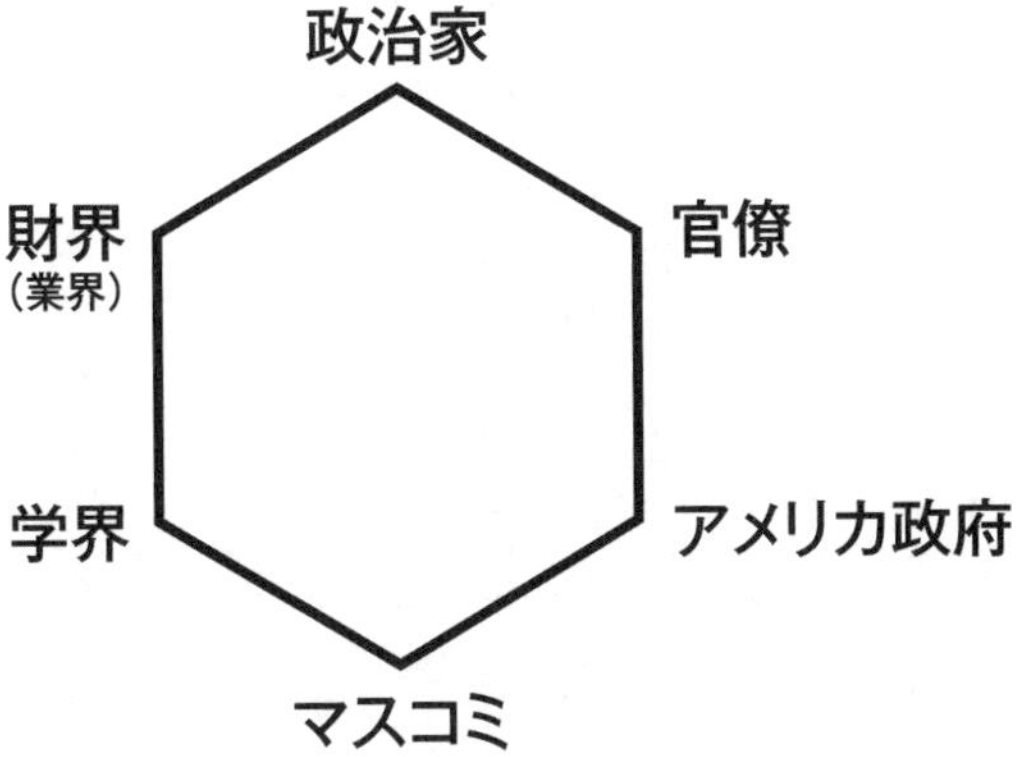

出し始めています。その上、パナマ文書の公開で世界の注目を浴びたタックス・ヘイブンを利用した租税回避問題は、アメリカにとっても解決しなければならない問題として意識されています。すでに足場はあるし、手がかりもあるのです。

それではどうやって鉄の六角形を突破するのでしょうか。正面から体当たりしてもどうにもならないでしょう。また、できもしないことを夢想しても仕方がありません。

ひと昔前に「上から読んでも山本山。下から読んでも山本山」というコマーシャルがありました。強固な鉄の六角形を突破し、グローバル・タックスを現実のものにするためには、「上から」、つまりグローバルなレベルでの国際協調と、「下から」すなわちそれを政府や政治家、マスコミにねばり強く働きかける市民一人ひとりの動きの両方が必要なのです。

これまで「上から」の動向は十分見てきましたので、ここからは市民による「下から」の「戦略」を考えていきましょう。

まず、もう一度、鉄の六角形をよく見直します。この六つのセクターのうち、私たち市民と接点の多いところはどこでしょうか。働きかけることができるのはどこのセクターでしょうか。それを念頭に置いて見直すと、政治家とマスコミが浮かび上がってきます。

官僚や財界や学界は、市民とはまったく接点がないとは言えないけれども、ふつうに暮らしていると縁の薄い世界です。けれども、政治家とマスコミは市民と接点を持たざるを得ません。そこを切り捨ててしまっては、彼らのよって立つ地盤がなくなってしまうからです。

政界と市民運動の連携が重要

鉄の六角形の中で見ると、政治家は業界と官僚に依存して、マスコミと学界に圧力をかけ、そのくせアメリカには頭が上がらず……と、私たち市民の声など聞いてくれないようにも見えますが、実は、市民ともっとも結び付きが深いのは政治家です。

政治家は業界から票を得ているとされますが、業界の組織票だけで当選できるほど選挙は甘くはありません。昨今の選挙事情では、無党派層とか浮動票と言われる有権者の支持も得なければ当選はおぼつかないのです。

「政治家は選挙で負ければただの人」ですから、市民は有権者として、「こういう政策を実現してくれ」と政治家に要求する権利があります。この市民の権利を活かしてグローバル・タックスを実現することができるはずです。

タックス・ヘイブン問題に象徴されるような、多国籍企業による税逃れを解決するステップとして、グローバル・タックスは日本の政界でも注目されています。第四章で紹介したとおり、政界でも二〇〇八年に「国際連帯税創設を求める議員連盟」が設立されています。そして、二〇〇九年四月に議員連盟の諮問によって国際連帯税推進協議会（第一次寺島委員会）が発足し、二〇一四年一一月にはグローバル連帯税推進協議会（第二次寺島委員会）が創設されています。これらの協議会は、第三章で触れた、フランスのランドー委員会がモデルになっており、実際に協議会は国際連帯税議員連盟を通じて日本政府に航空券連帯税などへの取り組みを進めるよう提言しています。また、議員連盟自身もこの報告書を根拠に、グローバル・タックスの導入を政府に働きかけています。

ただ、フランスと日本との違いとして、フランスにはATTAC（アタック）などの強力な市民団体があるのに対して、日本にはそれに相当するような強力なものがありません。ATTACはもともとトービン税実現を求める運動から一九九八年に生まれた団体ですが、知識人、労働組合、政治家など幅広い人々を巻き込んで、グローバル・タックスの実現を強力に後押ししました。

ヨーロッパの市民運動の原動力としては、リーマン・ショック（二〇〇八年）への怒りもあります。マネーゲームの破綻《はたん》が、実体経済に重くのしかかりました。政府はマネーゲームに失敗した金融機関を救済するために兆単位の税金を投入し、その分、福祉、教育などの社会保障分野にしわ寄せがきて庶民の生活は苦しくなったのです。それなのに、自分たちの失敗で金融危機を作り出した張本人たちである銀行や証券会社の幹部たちは、高額の報酬を得てのうのうとしている。「やつらのボーナスはやつらが稼いだ金じゃない、私らの税金だ、こんなことが許されていいのか」という怒りから、二〇一〇年にイギリスでロビン・フッド・タックス・キャンペーンという市民運動が始まりました。

ロビン・フッドとは中世イギリスの伝説上の人物で、富豪や権力者、聖職者が不正にもうけたお金を強奪して貧しい庶民に分配した伝説の義賊です。英米ではいまでも人気の高いキャラクターで何度も映画化されています。このロビン・フッドの故事にならって、「金融業界に責任を取らせよ、そのために金融取引税を実現しよう」と声を上げたのがロビン・フッド・タックス・キャンペーンです。

日本にもアタック・ジャパン、オルタモンド、グローバル連帯税フォーラムなどの市民運動やNGOが立ち上がりましたが、フランスのATTACや、イギリスのロビン・フッド・タックス・キャンペーンのような大きな市民運動のうねりは、いまだに生まれていません。

しかし、国際連帯税議員連盟や寺島委員会のように脈はあるのです。すぐにどうにかなる話ではないけれども、グローバル・タックスへと向かう動きは日本でも始まっている。私たち市民はこの動きを後押ししてやればよいわけです。

政策決定の流れを知らなければならない

政治家に働きかけるためには、政策決定の仕組みを知らなければなりません。日本の政策は法案という形で国会に提出され、国会の審議を経て決定されます。それでは、グローバル・タックス構想を法案にするにはどうしたらよいのでしょうか。法案には政府提案と議員提案がありますが、ここでは政府提案の場合を見ていきます。

グローバル・タックスは新しい税の仕組みです。これを法案とするには政府税制改正大綱に載らなければならず、政府税制大綱は与党（自民党）の税制改正大綱をもとに作られています。自民党税制改正大綱を作っているのは、自民党の税制調査会です。グローバル・タックスが法案になるためには、自民党税制調査会で議論・承認されなければなりません。

自民党税制調査会の議題は、自民党の部会からボトム・アップ式に挙げられてきます。グローバル・タックスのように途上国支援や地球規模の課題に税収を充てる案件は自民党外交部会で議論されます。この外交部会の活動は外務省の要請によって始まります。こうすると、初めに外務省ありきのように聞こえるかもしれませんが、ここで鉄の六角形を逆手に取ることができます。つまり、NGOや市民社会が議員連盟の政治家を通じて、鉄の六角形の一角である官僚に食い込むことができるのです。別の観点から捉えると、外務省を通じて、NGOや市民社会の声を鉄の六角形に入れ込むことができると言ってもよいでしょう。

鉄の六角形の各辺は一方通行の関係ではなく、持ちつ持たれつの双方向の関係です。政治家と官僚の関係も、官僚が一方的に優位にあるわけではありません。グローバル・タックスを政治家が実現すべき政策として強く主張すれば、官僚も本腰を入れることになります。逆もしかりですし、NGOや市民社会がこの関係に入り込むことも可能です。

実際に、グローバル・タックス実現をめざすNGO「グローバル連帯税フォーラム」は、国際連帯税創設を求める議員連盟と連携して、外務省にグローバル・タックス導入を働きかけています。

グローバル・タックス導入は業界にもメリットがある

たとえば、航空券連帯税の場合、日本ではいま現在どうなっているのでしょうか。二〇一六年二月に開催された国際連帯税創設を求める議員連盟総会の中で、会長の衛藤征士郎議員は「ようやく自民党税制調査会で中期的に取り組んでいこうという課題のなかに入った。あとは航空業界のトップを説得するだけだ」と述べていました。

自民党税調の議題になっても、ここにはさまざまな業界団体が自分の業界の利益を守るために議員に働きかけていますから、グローバル・タックスを承認させることは簡単ではありません。航空券連帯税の場合は航空業界、金融取引税の場合は金融業界といったような業界が、税金をかけられまいと抵抗します。

なぜ業界が反対するかというと、税金をかけられたくないというのは当然あるのですが、もう一つ、「どうしてうちの業界だけが課税対象なのか?」という反発がよく聞かれます。そのような反発に対する理性的な対応が、第三章で説明したグローバル・タックスの五つの課税原則です（一〇三～一〇五頁参照）。この原則を通じて、グローバル・タックスは特定の業界に不利益を及ぼすためのものではなく、あくまでもグローバル化の負のコストをみんなで負担し、危機的な状況にある地球社会を、みんなが力を合わせて救っていくためにあることを、明確にしています。

ここで、グローバル・タックスの課税原則をもう一度確認しておきましょう。①グローバルに負の影響を与えているセクターに課税する。②グローバル化の恩恵を受けているセクターに課税する。③税負担のできる能力が高いところに課税する。④消費税を払っていないセクターに課税する。⑤グローバル化の恩恵はみんなで受けているし、負の影響もみんなで及ぼしているのだから、特定の業界だけではなくて広く薄く課税する。こういう原則にもとづいて冷静に話し合えば、必ず道は開かれると信じています。

さらに、既述のとおり、グローバル・タックス導入は業界にとってメリットがあるのです。たとえば、航空券連帯税を導入すれば航空業界にとって次のようなメリットがあります。

これから地球温暖化が続いていくと、まちがいなく感染症の広がるリスクは増えます。感染症が拡大すれば国際線の旅客は減りますし、感染症から旅行者を保護する必要も出てきて、航空業界も大きな影響を被るでしょう。すると病院も作らなければいけないし、治療薬や予防薬も準備しなければならないし、感染症が広まらないように啓発活動をする必要もあります。本来なら航空業界が責任を持ってやらなければならない仕事はたくさんありますが、航空券連帯税を導入すれば、その税収の一部を使って必要な対策を実施できるのです。

そもそも航空券連帯税は乗客が払うので、航空会社にはなんら経済的な負担はありません。また、これまでの海外での実績から、この税によって航空会社の利益が下がったり、観光客が減少したという報告もありません。しかも、税金を使って行う感染症対策を、航空業界が社会的責任を果たしている具体的な活動としてアピールすることもできるのです。こんな美味《おい》しい話はそうそうあるものではありません。あとは、このことを航空業界にしっかり理解してもらうだけだと考えます。

政治家に声をかけよう

グローバル・タックスを実現させるためには、与党の税制調査会を通さないといけません。ということは、どの政治家を選ぶかが大事になってきます。政治家の立場に立つと、彼らが本腰を入れるかどうかは、その政治課題に取り組むことが票になるかならないかということが大きく影響します。グローバル・タックスの実現が国民の間で話題になり、選挙のときに「グローバル・タックスを実現します。ぜひ清き一票を！」と訴えて、本気の政治家が当選するのが筋です。

現時点では、グローバル・タックスの知名度がまだ低いため、国際連帯税議員連盟に参加している議員でも「これは票にならんよねえ」とぼやきながらも実現に努力してくれていることが多いのが現状です。これが、有権者が実現すべき政策として支持してくれるとなれば、議員はさらに尽力し、その尽力が報われて、再選される。そんな好循環を作ることが理想です。

結局、グローバル・タックス実現が票になればよいのです。そのためには選挙区の有権者がグローバル・タックスとはなにか、いかに重要か、これが実現すればどんなことができるのかを知らなければいけません。それを知っていれば、そして少しの勇気と時間があれば、地元の政治家に声をかけることができます。選挙の前に、試しに地元の議員さんに声をかけてみませんか。

その際、大切なことは、まず「あなたの選挙区の有権者なんですが」と伝えることです。その上で、「グローバル・タックスについてどうお考えですか？　グローバル・タックスの実現を願っていますが、なにか活動をされていますか」と尋ねてみてください。

市民が関心を持っていると知れば、政治家も努力するものです。ここでもやはり「山本山」、つまり「上から」政治家がなにかをするだけでなく、市民が情報をしっかり学んで、「下から」政治家の意識を変えつつ、良い政治家を育て、選んでいくことが重要になります。

マスコミにリクエストしよう

「市民が情報をしっかり学んで、『下から』意識を変える」といえば、マスコミも同じです。特に新聞は、世の中で起きている出来事を知りたいという市民のニーズに応えることで成り立っている商売です。いくら広告収入に頼っているとはいえ、新聞の購読者が減ったらたいへんです。購読者数が減れば、広告料金も値切られ、さらに経営を圧迫します。

新聞は報道機関です。新聞もまちがえることはあるのですが、それでもたいていの場合、新聞に書いてあったのだからまちがいないだろうと思われる程度の信用を得ています。報道機関としての信用が新聞の一番の財産だとも言えます。

新聞社に対して、「報道機関であるなら市民の『知りたい』というニーズに応えよ」と要求するのは購読者として当然のことです。新聞社としても読者のニーズに応えることは自社の取材力をアピールできる機会になりますから、無下にはできないはずです。ここに鉄の六角形を切り崩していける可能性があります。

世紀の大ニュースだったはずのパナマ文書流出も舛添問題やリオ五輪にかき消されたように見えます。「この問題はいまどうなっているのだろう。膨大な量のデータがあったということだったが、その分析はどこまで進んだのだろう」。そうした疑問を持たれた方はぜひ新聞社に投書してみてください。「購読者だけれども、パナマ文書の続報を最近見かけませんが、その後どうなったのですか?」と、はがき一枚、メール一本の簡単なものでよいのです。

他にも「パナマ文書は初めのうち大きく報道されたが、海外の著名人の名前が出てきたというばかりで、それが日本の市民にとってどういう意味があるのか、もっとかみくだいた記事が読みたい」と要求してみてください。

新聞が必ずリクエストに応えてくれるとは限りませんが、こうした読者の声が数多く寄せられれば新聞社としても無視はできないでしょう。うまくすれば追跡取材をしたり、特集を組んだりする可能性も出てきます。また、共同通信をはじめとして各社にパナマ文書を追い続けている記者たちがいます。彼らの調査が適切に報道されているかどうかにも注意を払うべきです。

もちろん、これは新聞に限ったことではありません。テレビ、ラジオ、インターネットなど、現在さまざまな形のマスコミが存在しています。テレビの場合、報道よりもドラマやバラエティの比重が高いという制約がありますが、影響力はもっとも大きく、働きかける価値も大いにあります。

そして、いずれの場合も、報道機関がリクエストに応えてくれたら、ぜひ感想を伝えてみてください。「このテーマを取り上げてくれてとてもよかった。ついてはこの問題の解決策についてももっと知りたい」などと知らせるのです。

私たち市民にできることの第一歩は、問題がなにかを知ることと、もっと知りたいということをマスコミに伝えることです。さらに、フェイスブック、ツイッターなどのSNS（Social Networking Service）を使って、みずからの思いや考えを、みずから発信することができる時代になったいま、「山本山」の「下から」の力はますます大きくなっています。これは大きなチャンスです。

グローバル・タックスの実現は、今日、明日になんとかなる問題ではありません。けれども、知りたい、知らせたいという気持ち、社会をよくしたいという想い、自分が社会の主役なのだという意識が広がり、それぞれが自分らしいやり方でやるべきことをコツコツやっていけば、日本において市民社会は初めて大きな力を持つでしょう。そして、それらが選挙結果に表れるようになれば、鉄の六角形も徐々に崩れていくのではないでしょうか。

グローバル・タックスで市民運動を支援する

日本の市民社会の強化に関連して、航空券連帯税の税収の数パーセントをNGOに分配しようというアイデアが、先述した「グローバル連帯税フォーラム」で議論されています。

その理由は、市民社会の中核をなす日本のNGOは、欧米などと比べてあまりにも弱いからです。なぜ弱いのかといえば、ヒトとカネがないからです。なぜヒトがいないかというとカネがないからで、なぜカネがないかというと寄付が集まらないからです。政府もNGOに補助金を出したりしていますが、まだまだ足りません。そこで、「安定した財源を航空券連帯税の税収から回して、もっと日本のNGOに活躍してもらおう、ひいては日本の市民社会をどんどん発展させていこう」というのが趣旨です。

たとえば、航空券連帯税をいま実施したとすると一年で約三百数十億円の税収が見込まれます。今後、東京オリンピックなどもあり海外から日本を訪れる人はさらに増えるでしょうから、二〇三〇年ころには一年間の税収は約九〇〇億円になると予想されます。この九〇〇億円の五〇%以上はUNITAID（国際医薬品購入ファシリティ）に納められることになると予想されますが、たとえばその五%をNGOに回すとしたらどうでしょう。たった五%ですが、金額にすると毎年四五億円になります。そのお金をもとに「国際市民社会連帯基金」のようなものを作るのです。

連帯基金は、政府、学識者、企業、市民社会など、さまざまな立場のメンバーから構成されるマルチ・ステークホルダー・ガヴァナンスを備えます。そして、たとえばNGOからプロジェクトを公募して、審査を通ったプロジェクトには、人件費も含めてお金を出すようにする。そのようなことが可能になれば、ヒト不足、カネ不足に苦しむ日本のNGOを大きくサポートでき、まちがいなく日本の市民社会は活性化します。そして、より大きな海外支援が可能となるのです。

グローバル・タックスの税収の一部をNGO支援に回すことで、日本の市民社会を活性化させることができれば、グローバル・タックスの実現もより勢いが増すでしょうが、次のような疑問を抱く人もいるかもしれません。「お金がないと市民運動が盛り上がらない、そこで、グローバル・タックスからお金を回して盛り上げようということだけれども、そのグローバル・タックスを実現するには市民運動の盛り上がりが不可欠なのだから、まるでニワトリが先かタマゴが先かという話に似ていて、結局なにも始まらないのではないか?」と。

グローバル・タックスもNGOも、まったくの理念上のものであれば、この疑問ももっともです。しかし、グローバル・タックスは部分的にはすでに実現されています。NGOも現に存在しています。ゼロからの出発ではなく、すでに足がかりはあるのです。

グローバル・タックスの拡大がNGOのメリットとなるような制度設計をし、それをNGOに周知すれば、グローバル・タックスの実現に協力するNGOは増えるはずです。そして、そのことがグローバル・タックス実現の大きな力になることでしょう。そして、グローバル・タックスが実現したあかつきには、その実現に協力してきたNGOに税収の一部を充て、効果的な活動をしてもらうという好循環が始まるはずです。

このように、航空券連帯税をはじめとするグローバル・タックスの実現は、日本の市民社会を活性化させ、NGOなどの市民社会の団体のより大きな活動展開を可能にするルートを作って、世界に貢献するのです。

納税者主権、私たちが社会の主役

本章の最後に、鉄の六角形を突破し、グローバル・タックスを実現させる「下から」の戦略として、納税者教育を挙げておきたいと思います。

税の問題に関わっていて時おり感じるのは、市民の関心のなさというより、関心の偏りです。

いかに税金の支払いを安く済ませるか、あるいは払わずに済ませるかという話題には強い関心を示すけれども、払った税金がなにに使われているかということには関心が薄いように見受けられます。

政治家の政治資金流用問題も、政治家個人のスキャンダルとして受け止められるだけで、そのお金は本来なにに使われるべきか、現になにに使われているかということにはあまり関心が向いていないように思われます。

よく「税金を取られる」と言います。この表現は一方的にむしり取られているようなイメージです。本来、社会の主役は私たち市民です。税金とは私たち市民が暮らしやすいように、私たちの社会が共有している問題を解決するために、政府・自治体に預けているお金です。政府・自治体はそのお金を使うことで私たちにメリットがあるようにする義務があります。それが本来あるべき税に関する政府と市民の関係です。

そのためには、権力者が庶民から一方的に年貢をむしり取って行くというような前近代的な税のイメージを根本的に変えなければなりません。そのイメージの大きな要因は源泉徴収制度にあると思われますので、場合によってはそれを廃止して、全国民が確定申告をするように切り替えることも必要かもしれません。そうすれば、自分がいくら税を払っているのか、その税によってなにがなされているのかということに、もっと関心がわくことでしょう。

二〇一六年の参議院選挙から、一八歳選挙権が導入されました。一八歳以上の国民に選挙権が与えられたことから、高校三年生も投票するということで、主権者教育の必要性が叫ばれて、高校の社会科などで取り組みが始まっています。いまのところ、選挙制度についての学習や投票の意義について意識を高めるということが中心のようですが、それだけでは不十分です。

高校三年生も納税者です。所得税は納めていないけれども、すでに消費税は納めています。社会人になって所得税などを納めるようになるのももうすぐです。自分たちの納める税金がどこでなにに使われているのかということを含めた、税の流れをたどって行く学習も、もっと盛んになってもよいのではないかと思います。

納税者教育、租税教育については国税庁や税理士会が提唱していますが、どうやら「きちんと税金を納めましょう」というところに重点があるようです。それはそれで大切なことですが、納税者として政府の税金の使い道をチェックし、「こういうことに貴重な税金を使ってほしい」と政府に提案するというところまで、きっちり教えていくべきでしょう。

主権者教育も単に「選挙になったら投票しましょう」ということを教えるだけでは足りません。選挙で選ばれた政治家が私たちの納めた税金を使ってどのような政策を行うのか、それによって私たちの生活はどう変わるのか、私たちは政治になにをしてほしいのか……などを考える教育が望ましいのです。そのためには主権者教育の一環として、納税者教育を位置付けることが有益だと考えます。

教育を通して、私たちが社会の主役だという意識が強まれば、日本の市民社会も活力を増して、グローバル・タックス実現も近付くことになるでしょう。

第六章　グローバル・ガヴァナンス——EUの夢

ＥＵ発の金融取引税、賛成のＥＵ市民は六六％

この最終章では、グローバル・タックスに関する今後の展開を見ていきたいと思います。グローバル・タックスの今後を考える上で重要なのは、まずはＥＵで金融取引税が導入されるかどうか、それによってＥＵがどう変わるかだと思います。ＥＵは部分的にではあれ、領域国民国家、主権国家を超えたガヴァナンスの試みで、そこに同じく国境を越えた財源としてグローバル・タックスが加わるのですから。

ＥＵは、大きくは①最高決定機関・執行機関である欧州理事会（European Council）、②ＥＵの立法機関である閣僚理事会（またはＥＵ理事会：Council/ Council of Ministers/ Council of European Union）、③ＥＵの行政機関である欧州委員会（European Commission）、④ＥＵ市民の代弁者である欧州議会（European Parliament）、⑤ＥＵの最高裁判所である欧州司法裁判所（European Court of Justice）から構成されています。

中でも重要なのは、欧州委員会ですが、その内実は大きく、政治的に任命された委員と、日常の実務を行う官僚とに分かれています。官僚はそれぞれの専門分野の実務を粛々と進める一方、委員は委員会の中で国家を超えたもう一つ上のレベルで政治的な権限を持っています。たとえば、欧州金融取引税を進めていたのはアルギルダス・シェメタというリトアニアの元財務大臣で、欧州委員として、税制・関税同盟、監査・不正防止を担当していました。彼のような人材が、欧州金融取引税の実現に尽力して進めてきたのです。

彼のリーダーシップの下、欧州委員会は、二〇一一年九月にEU加盟国が金融取引税を実施する指令案を出したのですが、その背景には、二〇〇八年のリーマンショックがありました。主にアメリカやイギリスの金融機関はマネーゲームでぼろもうけしながら、ゲームを破綻させて実体経済に大きな悪影響を及ぼしました。そのつけはマネーゲームとはなんら関係のない一般市民に来たわけです。それにもかかわらず、大きな金融機関は「大きすぎてつぶせない」ということで、政府から巨額の資本注入を得て、金融機関の幹部たちはのうのうと高額のボーナスを堪能していました。もちろん、市民は怒るわけです。

このような状況を受け、欧州委員会は金融取引税を導き出したのです。金融取引税の実施により、①そうした金融機関に応分の負担をさせ、②課税によってマネーゲームを抑え、③これまでバラバラだったEUの税政策を調和させ、④EU自体の財源にも、各国の財源にもなる。⑤加えて、税収の一部はグローバルな問題の対応にも使える。このようないろいろなメリットを考え、指令案の提出に至ったのです。

金融取引税には別の理由もありました。ヨーロッパ各国ではすでに所得税も消費税も高税率ですので、これ以上税率を上げることができません。また、これまで見たとおり、世界で「法人税下げ競争」が進む中、法人税を安易に上げるわけにもいきません。そこで注目されたのが金融取引税だったのです。

なぜ一〇カ国の金融取引税はここまで進んできたのかを調査するために、オーストリア経済研究所のシュテファン・シュルマイスターにインタヴューをしました。その際彼が最初に言ったことは、「金融取引税の実現をめぐる攻防は、戦争だ」ということでした。「二〇一一年九月に欧州委員会が欧州金融取引税の指令案を提示したのは、金融業界にとってはまったく『寝耳に水』だったが、その後着々と『武器』や『弾薬』を準備し、一斉攻撃を始めた」のだと。具体的には、「まずは金融ロビーが中央銀行、学界に働きかけ、金融業界全体でしっかりとタッグが組まれ、次にこれらがタイミングを見計らい、相互に協調しながら、もっとも効果が出るようなやり方で総攻撃を仕掛けてきた」と彼は言うのです。

「それでもなお、ＥＵで金融取引税の実現に向けた動きは止まらないのはなぜか」という質問をすると、「やはり市民のサポートが大きい」と答えたのです。金融取引税をやるべきだと考えるＥＵの市民は、実に六六％もいるとのこと。日本で同じアンケートをしたら、「そもそも金融取引税ってなに?」という回答の方がその数字より多くなるでしょう。

ＥＵ市民が金融取引税に賛成するのは、それが一種の富裕税みたいなものだという認識が広く共有されているからです。マネーゲームができるのはお金持ち、富裕層と大きな銀行や企業ですから、一般市民は自分には直接関係がなくて、税も自分で払うわけではありません。その上、自分たちは社会保障も減らされて苦しい思いをしているのに、金融危機を引き起こした張本人たちが、リッチに暮らしているのはどうしてなのかという怒りが根底にあります。その想いを、納税者として、主権者として、政府に突き付けているからこそ、夢物語と思われた金融取引税の導入に向けた動きがいまも続いているのです。

ＥＵの試みは、未来のルール作りの大きなヒントに

ＥＵは、一九九三年発足し、どんどん拡大、深化してきましたが、時を経るにつれ多くの問題が生じてきました。とりわけ、シリア難民を中心に、一二五万五〇〇〇人以上の人々がヨーロッパに押し寄せ、それが大きな問題となる中、二〇一六年六月にイギリスがＥＵ脱退を国民投票で決めました。こうした流れを見ると、ＥＵはもう破綻寸前にも見えます。

同志社大学大学院の浜矩子《はまのりこ》教授は、「経済のファンダメンタルが違うところが一緒になること

自体がそもそも無理で、それぞれ小さい領域に分かれていくほうが望ましい」という議論をされていて、いずれEUは解体するとまで明言されています。

確かに、EUは大きな問題に直面し、抜き差しならない状況にあります。しかし、EUの理念や実態を調べていくと、理想論といって切り捨てることはできない、いろいろな具体的な工夫を重ねてきていることがわかります。金融取引税のような構想が生み出されてきたのはEUならではと言えるのです。

特に、EUは政策を策定し、諸事を意思決定するときに、いろいろなレベルでさまざまなアクターを巻き込んでいます。時間をかけて緻密《ちみつ》に議論を積み上げ、指令案を作り出し、それを欧州議会で、また各国で検討していきます。そのプロセスたるや、ものすごい時間と労力と知恵を結集させています。だから、いざ決まると、その内容は強靭《きょうじん》なものとなるのです。

金融取引税以外にも、たとえば危険な化学物質の統一基準を作る、温暖化対策で先進的な案を出すなど、グローバルなルール作りを主導しています。

このようなさまざまなアクターが絡んだ政策の策定と意思決定に加えて、EUにはサブシディアリーの原則（補完性の原則）というものがあります。EUは、欧州委員会が加盟国に対してすべて上から押し付けるのではなくて、「まずは、国家の前に各地域、ローカルでできることはローカルでやり、それができない場合は国家が、国家ができないことはＥＵがやる」という原則を持っています。

トライアル・アンド・エラーを繰り返しながらＥＵは二〇年以上も、知恵を尽くしてきました。とりわけ、領域国民国家、主権国家の枠を超えた意思決定やルール形成に関するＥＵの仕組みと歴史に鑑みると、イギリスがＥＵを離脱したところで、簡単に瓦解するものではないと推測しています。ヨーロッパの金融取引税の今後も含め、ＥＵの動きは長期的に見ていかなければならない代物です。

さらに言えば、ＥＵの実験は、グローバル社会を想定したときの世界連邦政府の一つのモデル、あるいは出発点になるとも考えられます。しかし、それが本当に実現するかどうかは、地球規模で税制が敷かれるかどうか、すなわちグローバル・タックスが実現するかどうかにかかっていると考えます。

ロドリックのトリレンマ（グローバリゼーション・パラドックス）

ダニ・ロドリックという経済学者が「グローバリゼーション・パラドックス」というコンセプトを提唱しています（『グローバリゼーション・パラドクス』）。ロドリックによれば、グローバリゼーションは三つどもえの逆説、トリレンマを引き起こすと言います。グローバル化、国家主権、そして民主主義・民主政治という三つのファクターは、三つが鼎立《ていりつ》して機能することは絶対あり得ない、必ず二つの組み合わせでしか機能しないというものです。そうすると、ありうる選択肢は、

① グローバル化と国家主権を選択して、民主政治を犠牲にする
② グローバル化と民主主義を選択し、国家主権を犠牲にする世界政府的な構想
③ 国家主権と民主政治を選択し、グローバル化を犠牲にする一種のブロック経済

この三択しかない、なかでも現実的なのは③のグローバル化を犠牲にして領域国民国家の枠組みを守ることだ、というのがロドリックの考えです。しかし、現実に地域レベルで国民国家の枠組みを超える試みとして、ヨーロッパにはEUがありますし、アジアでもEUほどではありませんが、一つの共同体の試みとしてASEAN（東南アジア諸国連合）が存在しています。

そもそも、歴史の趨勢《すうせい》であるグローバル化を犠牲にすることなど、不可能に近いのではないでしょうか。むしろ金融や経済がこれほどまでにグローバル化しているにもかかわらず、政治

と税制が追いついていない現実から生じるさまざまな問題に鑑みて、政治や税金も同じようにグローバル化すべきだということになるのではないでしょうか。

そうすると、むしろ現実的な選択肢は、①のグローバル化＋国家主権か、②のグローバル化＋民主主義か、ということになります。

グローバル化とローカル化、その二面性への対応が必要

グローバル化と国家の関係については、深井慈子《ふかいしげこ》岡山大学名誉教授が、持続可能な世界に関する諸理論をまとめて独自の理論を出されています。深井によれば、グローバルなレベルと、国家のレベルの他に、ローカルなレベルというものがある。ローカルなレベルとは、地域社会で暮らす人々の生活ということでもありますが、民族、文化、宗教のように主権国家の枠をはみ出して広がる部分もあります。このローカルなレベルの多様性はこれからも大事にしなければいけないし、ローカルなことはローカルのレベルで決めていくことが必要である。たとえば、音楽とか文化とかそういうものがグローバル化していくのは望ましいけれども、食料とかエネルギーとか生活に必須なものに関してはグローバル化すべきではなく、可能な限りローカルで自給すべきであると。

そのような考えは、グローバル化が進む今日において、いかに現実化できるのでしょうか。そのカギは、これからの国家のあり方にあります。すなわち、一方で多様なローカルレベルの政治参加と自給自足を実現させ、他方で地球環境問題や格差・貧困などを解決するためには、これまでの国家のあり方が変わらなければならないのです。具体的には、グローバル化への対応とローカルな多様性の尊重という二つの要請を満たすために、国家はこれまでの国際社会の主役としての役割を変えていくべきだろうというのが深井の結論です。

つまり、これまで国家が担ってきた役割のうち、ある部分はグローバルなレベルに権限を移譲する一方、ある部分はローカルなレベルに分散していくような、そういうヴィジョンを彼女は描いています。要するに、世界政府的な統治と同時に、ローカルな多様性を尊重する分権的な自治が強化されたような社会です。

世界政府とグローバル・タックス

世界政府がよいものなのかどうかは、さらなる議論が必要ですが、ここまでの深井の議論に依る形で、最後に世界政府の話を続けてみましょう。

世界政府を成立させるためには、まずもって独自の財源が必要です。その財源こそ、本書で論じてきた地球規模で課税の情報を共有し、それにもとづいて革新的な課税を行うグローバル・タックスなのです。

今後もし航空券連帯税に加えて、金融取引税、地球炭素税、武器取引税などさまざまなグローバル・タックスが導入され、それに伴って独自の財源が確保されて、主権国家の「くびき」から自由になり、多様なステークホルダーによる意思決定の仕組みを備えた超国家機関が多数創設されることになれば、それは世界政府への第一歩となりえます。

なぜなら、長期的な話ではありますが、個別に運営されていたグローバル・タックスを財源とする国際機関が、一つの機関（国内レベルの財務省のような機関、グローバル租税機関）に統合され、その機関がすべての税を管理する可能性も考えられるからです。そして、財力と権限を持ったグローバル租税機関が常に透明性をもって民主的な運営と説明責任を果たすことを確実にするために、「グローバル議会」とでも呼ばれるものが設立されるかもしれません。

グローバル議会は、グローバル・タックスによって得られた税収の使い道を議論し、決定し、実施国や実施機関、さまざまなプログラムやプロジェクトに対して資金を供給することになります。もしこのような構想が現実になれば、世界政府創設へ向けた次なる一歩となるでしょう。

このような考え方は、あまりに「空想的」と思われるかもしれません。しかし、ＥＵがその執行機関である欧州委員会を設立し、それに欧州議会を対置させ、実際に機能している現実、そして、本書で詳しく見てきたタックス・ヘイブン、マネーゲーム経済、「一%のガヴァナンス」、そして地球規模課題を解決するための巨額の資金不足を踏まえると、あながち「空想的」とは言い切れないのです。

むしろ私たちは、持続可能で公正な世界を創るために、世界政府実現の方向に向けて、第一歩を踏み出す時なのかもしれません。

おわりに　不平等と戦う人々

筆者が、グローバル・タックスの研究を始めるきっかけとなった一つに山田バウさん（山田和尚とも。一九五一年生～二〇一五年没。ボランティア活動家・神戸元気村代表）との出会いがあります。一九九五年の阪神・淡路大震災のときに一番に被災地に駆けつけて、被災者支援のためのボランティアネットワーク、「神戸元気村」を立ち上げた方です。

もともとバウさんは、カヌーイストでしたが、彼に降り注ぐ光が最近変わってきたと感じ、その原因がフロン放出によるオゾン層の破壊であることに気付き、「ストップ・フロン」という活動を始めていました。エアコンや冷蔵庫に使われているフロンガスを、自治体と協力しつつ、廃棄された冷蔵庫一つひとつから回収する活動です。

彼と最初に出会ったのは一九九四年。当時は大学院生でした。まさに彼が「ストップ・フロン」の活動を目一杯やっているときでした。

バウさんと一緒に活動していく中で、あらためて確認したのは、「地球環境問題は、一国だけでなんとかしようとしても限界がある」ということです。たとえば、日本だけ冷蔵庫にフロンガスを使うのをやめたとしても、他の国で使っていたらどうにもならないのは自明のことです。「地球環境問題を解決するためには、国境を越えて、グローバルに規制の網をかける措置を取る必要がある」と。そしてあるとき、国連に赴任することが決定していた筆者に、「この問題、国連のような機関でどうにかできんのかな」。そんな問いかけをバウさんがしたのです。

当時環境問題と税について強い関心を持っていたので、「それなら、国連環境税のようなものを実現して、フロンガス放出に課税すればいいのではないか。そうすれば、フロンガスの使用と放出を抑えるインセンティブを働かせることができるはず。税にはそうした政策効果がある」と答えました。

このアイデアをバウさんは気に入ってくださって、彼の勧めもあって、「国連環境税構想」としてまとめて、当時の武村正義大蔵大臣に手渡ししました。

その後、国連職員として海外赴任をしていたことなどもあり、グローバル・タックスの研究はおざなりになっていたのですが、二〇〇五年に新たな転機が訪れます。二〇〇一年からトービン税研究会を主宰していた金子文夫・横浜市立大学教授（現在は名誉教授）、そしてトービン税の実現をめざすNGO、オルタモンド代表の田中徹二さんと出会ったのです。それ以来、彼らとは、国際連帯税推進協議会（第一次寺島委員会）、ならびにグローバル連帯税推進協議会（第二次寺島委員会）の委員、事務局として、またグローバル連帯税フォーラムの理事として、活動をともにしてきました。

とりわけ、二〇〇六年二月にフランス政府が開催し、航空券連帯税の導入を公表した「連帯とグローバリゼーション：革新的開発資金メカニズムに関するパリ会議」に田中さんと一緒に参加し、そこでフランスのシラク大統領をはじめ、グローバル・タックスの実現に熱心に取り組んでいる方々と出会ったことは、人生の大きな転機となりました。

それ以降、本格的にグローバル・タックスの研究を開始するとともに、そのころイギリスのNGOスタンプ・アウト・ポヴァティ（Stamp Out Poverty）にいたソニー・カプール氏、パリ一三大学のブリュノ・ジュタン助教授（当時）、ヘルシンキ大学のヘイッキ・パトマキ教授など、グローバル・タックスの第一線で活躍されている方々に、当時の勤務校であった千葉大学まで来ていただき、直接議論をする機会をいただけたことは、いまでも大きな財産です。

カプール氏は、元リーマン・ブラザーズのトレーダーで、通貨取引税や金融取引税の実務に詳しく、ジュタン助教授やパトマキ教授は通貨取引税の理論やグローバル・タックスが創り出すグローバル・ガヴァナンスのあり方、特にその民主化、透明化、説明責任について研究されていて、彼らから多くを学びました。

タックス・ヘイブンについて、詳しく研究することになったきっかけは、二〇〇七年にケニアで開催された世界社会フォーラムで、元イギリス領ジャージー島のバンカーで政府顧問、その後、本書で何度も登場するタックス・ジャスティス・ネットワークを立ち上げたジョン・クリステンセン氏との出会いがあったからです。

クリステンセン氏については、二〇一六年一〇月に日本に招聘することになっていますので、いまから再会がとても楽しみです。その際は、この本を手に携え、お会いするつもりです。

その他にも、数えきれないくらい多くの方々との出会いやサポート、議論があって、本書は書かれています。不平等をなくし、持続可能で公正な世界を創るために、日々奮闘されているこのような方々がいたからこそ、本書を完成させることができました。また、彼らがいるからこそ、これからも同じ目標に向かって微力を尽くしていけるのです。

亡きバウさんをはじめ、これらの方々に心からのお礼を申し上げ、ひとまず本書の結びとさせていただきます。

あとがき

いまこの本のあとがきを格別の思いを持って書いています。ここから先は、まったくプライベートな話になりますが、お許しいただければ幸いです。

実は、今年（二〇一六年）四月三〇日にもっとも敬愛する母を亡くしました。明るく、社交的で、ユーモアがあって、他人想い。謙虚で我慢強く、太陽のような存在でした。昨年二月にガンであることがわかりましたが、すでにステージ4の末期ガンだったのです。あと数カ月の命と宣告されながら、母は懸命に頑張り、宣告から一年二カ月生きてくれました。しかも、死ぬ前日まで話をすることができ、家族一人ひとりに直接会って遺言を伝えてくれました。

もう何年も（いまもですが）、大学での研究、教育、各種業務に加え、国内外での学会発表や講演、国際会議への参加、NGO活動、マスコミ出演などに忙殺され、体調を崩していた筆者を慮《おもんぱか》ったのか、母からは、「あなたがやろうとしていること（グローバル・タックスを実現し、持続可能な世界を創ること）はたいへんなことや。すぐに実現するもんやない。だから、とにかく健康を大事にしなさい。そして、いろんなことに手を出すのではなく、まずはしっかり学生を育てなさい。こんなむずかしいこと、一人ではなんともならん。同じ想いを持って動いてくれる人材を増やしていかんと」との遺言をもらったのです。

体調を崩しながら、本書を書いている姿を見て、きっと母は天国で嘆いていることでしょう。でも、もし本書が「グローバル・タックスを実現し、持続可能な世界を創ろう」との想いを持つ人を増やす小さな小さなきっかけになれば、母も少しは納得してくれるでしょうか。

母が亡くなった直後、今度は父が体調を崩し、入院しました。母がすべてで、なおかつ身の回りのことも全部やってもらっていた父にとって母の死は、「死刑宣告」に等しかったのです。生きる気力と意味をまったく失った父。それでも、毎日懸命にリハビリに取り組んでいる父の姿を見て、涙がこぼれそうになりました。そんな父に対して大したことはなにもできてはいません。せめて本書が刊行されたら、すぐに父のところに持っていくつもりでいます。もちろん、これを読んでくれるかどうか、読めるかどうかもわかりません。しかし、本書が父にわずかでも生きる気力を与えるものになればと願うばかりです。

本書を執筆しているいま（二〇一六年八月）、世の中がオリンピックで盛り上がっています。テレビでアスリートたちの懸命な姿、喜怒哀楽を見ながら、もしかしたら私たち一人ひとりがそれぞれにアスリートなのかもしれないと思いました。

その分野のプロと呼ばれる人々は、世界の頂点に立つために、すべてを投げ打って四六時中鍛錬を積んでいるはずです。そうでなければ、到底世界のトップになることなどできませんから。

しかし、裏を返せばそのことは、彼らができないことを代わりに行って陰で支えてくれる方々がいるということです。だからこそ、時間も、意識も、エネルギーもすべてを鍛錬に集中できるのです。家事、子育てから、親の介護まで完璧にこなしながら、世界の頂点に立つ。そんなスーパーマンやスーパーウーマンはいるのかもしれませんが、たいていは手が届かない部分を家族やまわりの人たちにサポートされながら生きているはずです。だから、オリンピックのメダリストの「支えてくれたみなさんのおかげです。心から感謝します」というセリフは、美辞麗句でもなんでもなく、本音であるはずだし、本音であるべきなのです。

この度の母の看病や父の介護を通じて、あらためてそのことを痛感させられました。「グローバル・タックスを実現し、持続可能な世界を創る」という途轍《とてつ》もなく高く大きなゴールをめざして走り続けるなど、そうさせてくれる家族やまわりの人たちの大きな支えがあって初めてできることなのだと。その意味で、妻をはじめ、家族や妹、弟、親戚、教え子たち、同僚、関係する方々に心から深謝する以外にありません。

同時に、そのようなサポートは、身近な家族や親戚だけに留まるのではなく、日本も含め世界に数多くいる貧しい人々や弱者、しんどい思いをしている人々にも広がっていくべきだと思うのです。本書でも明らかになったとおり、いまの世の中はあまりにも不平等で不公平で、底辺に追いやられた人々は本当にしんどい生活をしています。自分の生活があるからと言って、目をつぶって、見て見ぬふりをするのではなく、無理のない範囲で、それぞれがそれぞれの形でできることをやっていくべきではないでしょうか。

著者は身近なところでまわりにお世話になりっぱなしで頭を下げるばかりの身の上で、なんら偉そうに言える立場にはありません。でも、その分世界の弱者がサポートされ、彼らが少しでも幸せな生活を送ることができるよう、微力を尽くしていきたいと思います。そして、そうすることで、支えてくださっている方々の恩に少しでも報いることができればと願っています。

体調が悪く、なかなか執筆が進まない中、なんとか出版にこぎつけることができたのは、上述のとおり、近くでサポートをしてくれたみなさんのおかげです。あらためて感謝の言葉を申し添えたいと思います。その中でも、今回もっとも直接的なサポートをいただいたのが集英社新書編集部副編集長の伊藤直樹氏です。そもそも本書の出版を勧めてくれたのが伊藤氏でした。筆者の体調を気づかいながら、常に叱咤《しった》激励は言うまでもなく、貴重なコメントや情報の提供など、本書が良いものになるよう惜しみない協力をくださいました。言うまでもなく、至らない点はすべて筆者の責任ですが、この場で心からの感謝の気持ちをお伝えしたいと思います。

本書を、不平等の是正のために戦うすべての人々、いつもサポートしてくれている妻や弟妹たち、そして父郁二、母璋江に捧《ささ》げます。

参考文献

〈書籍・論文等〉

明田ゆかり「ＥＵ」、庄司真理子・宮脇昇編著『グローバル公共政策』晃洋書房、二〇〇七年
ＡＴＴＡＣ編、杉村昌昭訳『反グローバリゼーション民衆運動――アタックの挑戦』つげ書房新社、二〇〇一年
上村雄彦『グローバル・タックスの可能性――持続可能な福祉社会のガヴァナンスをめざして』ミネルヴァ書房、二〇〇九年
上村雄彦「グローバル金融が地球共有財となるために――タックス・ヘイブン、『ギャンブル経済』に対する処方箋」、日本国際連合学会編『グローバル・コモンズと国連』（『国連研究』15号）国際書院、二〇一四年六月
上村雄彦「グローバル・タックスと気候変動――いかにして気候資金を賄うか」『環境研究』№１７８、二〇一五年六月
上村雄彦編『グローバル・タックスの構想と射程』法律文化社、二〇一五年
上村雄彦編著『世界の富を再分配する30の方法――グローバル・タックスが世界を変える』合同出版、二〇一六年
上村雄彦「タックス・ヘイブン」『先見経済』62巻6号、二〇一六年六月

上村雄彦「タックスヘイブンとマネーゲーム経済」『月刊金融ジャーナル』8月号、二〇一六年
上村雄彦「真夏の夜の夢――パナマ文書、舛添問題、そして世界政府」『納税通信』3434号、二〇一六年
大村大次郎『パナマ文書の正体』ビジネス社、二〇一六年
久保田隆「マネーロンダリング――増え続ける犯罪資金の隠匿」『週刊エコノミスト』5月24日号、二〇一六年
志賀櫻『タックス・ヘイブン――逃げていく税金』岩波新書、二〇一三年
志賀櫻『タックス・オブザーバー――当局は税法を理解しているのか』エヌピー新書、二〇一五年
クリスチアン・シャヴァニュー、ロナン・パラン著、杉村昌昭訳『タックスヘイブン――グローバル経済を動かす闇のシステム』作品社、二〇〇七年
高瀬幹雄「欧州連合（ＥＵ）と市民社会――組織化された市民社会とＥＵの制度」、「地球市民社会の研究」プロジェクト編『地球市民社会の研究』中央大学出版部、二〇〇六年
トマ・ピケティ著、山形浩生・守岡桜・森本正史訳『21世紀の資本』みすず書房、二〇一四年
深井慈子『持続可能な世界論』ナカニシヤ出版、二〇〇五年
望月爾「国際連帯税の展開とその法的課題――ＥＵの金融取引税を中心に」『租税法研究』42号、二〇一四年六月
諸富徹「金融のグローバル化とトービン税」『現代思想』30巻15号、二〇〇二年一二月
諸富徹『私たちはなぜ税金を納めるのか――租税の経済思想史』新潮社、二〇一三年

ダニ・ロドリック著、柴山桂太・大川良文訳『グローバリゼーション・パラドクス——世界経済の未来を決める三つの道』白水社、二〇一三年

〈報告書・資料集〉

国際連帯税推進協議会最終報告「環境・貧困・格差に立ち向かう国際連帯税の実現をめざして―地球規模課題に対する新しい政策提言―」二〇一〇年九月

浅川雅嗣「税制調査会資料〔国際課税関係〕」二〇一三年一〇月

民間税制調査会第七回シンポジウム資料集「国際課税を考える」二〇一五年九月

グローバル連帯税推進協議会最終報告書「持続可能な開発目標の達成に向けた新しい政策科学―グローバル連帯税が切り拓く未来―」二〇一五年一二月

〈外国語文献〉

Brittain-Catlin, William（2005）*OFFSHORE: The Dark Side of the Global Economy*, New York: Picador.（邦訳：ウィリアム・ブリテェイン-キャトリン著、森谷博之監訳『秘密の国オフショア市場』東洋経済新報社、二〇〇八年）

Christensen, John（2007a）"Mirror, Mirror on the Wall, Who's the Most Corrupt of All?", Tax Justice Network.

Christensen, John（2007b）"Combating Tax Havens and Capital Flight", presented at the Third Plenary

Meeting of the Leading Group on Solidarity Levies to Fund Development in Seoul, 3 September 2007.

Henry, James S. "The Price of Offshore Revisited", Tax Justice Network（2012）

High-Level Advisory Group on Climate Change Financing（2010）*Report of the Secretary-General's High-Level Advisory Group on Climate Change Financing,* New York: United Nations.

IWJ Independent Web Journal, http://iwj.co.jp/wj/open/archives/301079

Jetin, Bruno（2002）*La taxe Tobin et la solidarité entre les nations,* Descartes & Cie.（邦訳：ブリュノ・ジュタン著、和仁道郎訳『トービン税入門――新自由主義的グローバリゼーションに対抗するための国際戦略』社会評論社、二〇〇六年）

Korten, David C.（1995）*When Corporations Rule the World,* Kumarian Press & Berrett-Koehler Publishers.（邦訳：デビッド・コーテン著、桜井文訳・西川潤監訳『グローバル経済という怪物――人間不在の世界から市民社会の復権へ』シュプリンガー・フェアラーク東京、一九九七年）

Landau Group Report（2004）Groupe de travail présidé par Jean-Pierre Landau, *Les nouvelles Contributions financières internationales: rapport au président de la République.*

Oxfam International（2016）"AN ECONOMY FOR THE 1 %: How privilege and power in the economy drive extreme inequality and how this can be stopped", 210 *OXFAM BRIEFING PAPER,* https://www.oxfam.org/sites/www.oxfam.org/files/file_attachments/bp210-economy-one-percent-tax-havens-180116-en_0.pdf

Patomäki, Heikki（2001）*Democratising Globalisation: The Leverage of the Tobin Tax,* London/New

York: Zed Books.
Schulmeister, Stephan（2009）“A General Financial Transaction Tax: A Short Cut of the Pros, the Cons and a Proposal”, *WIFO Working Papers,* No. 344.
Stiglitz, Joseph E.（2006）*Making Globalization Work,* New York/London: W. W. Norton & Company.（邦訳：ジョセフ・E・スティグリッツ著、楡井浩一訳『世界に格差をバラ撒いたグローバリズムを正す』徳間書店、二〇〇六年）
Taskforce on International Financial Transactions and Development（2010）Leading Group on Innovative Financing for Development, “Globalizing Solidarity: The Case for Financial Levies”, *Report of the Committee of Experts to the Taskforce on International Financial Transactions and Development.*
Tax Justice Network（2012）“Revealed: global super-rich has at least $21 trillion hidden in secret tax havens”, http://www.taxjustice.net/cms/upload/pdf/The_Price_of_Offshore_Revisited_Presser_120722.pdf
The Government of Swiss（2008）“Funding Scheme for Bali Action Plan: A Swiss Proposal for global solidarity in financing adaptation”, at Ad hoc Working Group on Long-term Cooperative Action under the Convention（AWG-LCA）, http://unfccc.int/files/kyoto_protocol/application/pdf/switzerland_funding.pdf
Tobin, James（1978）“A Proposal for International Monetary Reform”, *Eastern Economic Journal,* Vol. 4（3-4）.

Uemura, Takehiko (2007) "Exploring Potential of Global Tax: As a Cutting Edge-Measure for Democratizing Global Governance", *International Journal of Public Affairs,* Vol. 3.

Uemura, Takehiko (2012) "From Tobin to a Global Solidarity Levy: Potentials and Challenges for Taxing Financial Transactions towards an Improved Global Governance", *Économie appliquée,* Tome LXV No. 3 September 2012.

United Nations (2012) *World Economic and Social Survey: In Search of New Development Finance 2012,* New York: United Nations.

Wendt, Alexander (2003) "Why a World State is Inevitable?", *European Journal of International Relations,* December 2003, Vol. 9, No. 4.

図版作成／クリエイティブメッセンジャー

上村雄彦（うえむら　たけひこ）

一九六五年生まれ。横浜市立大学学術院 国際総合科学群教授、同グローバル協力コース長。専門はグローバル政治論。大阪大学大学院法学研究科博士前期課程、カールトン大学大学院国際関係研究科修士課程修了。博士（学術）。国連食糧農業機関住民参加・環境担当官、千葉大学大学院人文社会科学研究科准教授等を経て現職。グローバル連帯税推進協議会委員、グローバル連帯税フォーラム理事等も務める。著書に『グローバル・タックスの可能性』（ミネルヴァ書房）、編著に『世界の富を再分配する30の方法』（合同出版）等がある。

不平等《ふびょうどう》をめぐる戦争《せんそう》 グローバル税制《ぜいせい》は可能《かのう》か？

二〇一六年一〇月一九日　第一刷発行　　集英社新書〇八五二A

著者……上村《うえむら》雄彦《たけひこ》

発行者……茨木政彦

発行所……株式会社集英社

東京都千代田区一ツ橋二-五-一〇　郵便番号一〇一-八〇五〇

電話　〇三-三二三〇-六三九一（編集部）
〇三-三二三〇-六〇八〇（読者係）
〇三-三二三〇-六三九三（販売部）書店専用

装幀……原　研哉

印刷所……大日本印刷株式会社　凸版印刷株式会社

製本所……加藤製本株式会社

定価はカバーに表示してあります。

ISBN 978-4-08-720852-8 C0231

a pilot of wisdom

集英社新書 好評既刊

ラグビーをひもとく 反則でも笛を吹かない理由
李淳馹 0843-H

ゲームの歴史と仕組みを解説し、その奥深さとワンランク上の観戦術を提示する、画期的ラグビー教本。

「戦後80年」はあるのか ――「本と新聞の大学」講義録
モデレーター 一色 清／姜尚中
内田 樹／東 浩紀／木村草太／
山室信一／上野千鶴子／河村小百合 0844-B

日本の知の最前線に立つ講師陣が「戦後70年」を総括し、今後一〇年の歩むべき道を提言する。人気講座第四弾。

永六輔の伝言 僕が愛した「芸と反骨」
矢崎泰久 編 0845-C

盟友が描き出す、永六輔と仲間たちの熱い交わり。七月に逝った永さんの「最後のメッセージ」。

東京オリンピック「問題」の核心は何か
小川 勝 0846-H

「オリンピック憲章」の理念とは相容れない方針を掲げ進められる東京五輪。その問題点はどこにあるのか。

ライオンはとてつもなく不味い〈ヴィジュアル版〉
山形 豪 041-V

ライオンは、不味《まず》すぎるため食われずに最期を迎える……等々、写真と文章で綴るアフリカの「生」の本質。

「建築」で日本を変える
伊東豊雄 0848-F

地方には自然と調和した新たな建築の可能性があると言う著者が、脱成長時代の新たな建築のあり方を提案。

橋を架ける者たち ――在日サッカー選手の群像〈ノンフィクション〉
木村元彦 0849-N

サッカーで様々な差別や障害を乗り越えてきた在日選手たち。その足跡を描き切った魂のノンフィクション。

アルツハイマー病は治せる、予防できる
西道隆臣 0850-I

認知症の約六割を占めるアルツハイマー病の原因物質を分解する酵素を発見！ 治療の最前線が明らかに。

「火付盗賊改」の正体 ――幕府と盗賊の三百年戦争
丹野 顯 0851-D

長谷川平蔵で有名な火付盗賊改の誕生、変遷、捕り物の様子から人情味あふれる素顔まで、その実像に迫る。